원어민 100인 선정
매일 쓰는 미국 영어 회화 100

지은이 룩룩잉글리쉬
펴낸이 임상진
펴낸곳 (주)넥서스

초판 1쇄 발행 2020년 5월 29일
초판 4쇄 발행 2023년 10월 2일

출판신고 1992년 4월 3일 제311-2002-2호
주소 10880 경기도 파주시 지목로 5
전화 (02)330-5500 팩스 (02)330-5555

ISBN 979-11-6165-969-5 13740

이 도서의 국립중앙도서관 출판예정도서목록(CIP)은
서지정보유통지원시스템 홈페이지(http://seoji.nl.go.kr)와
국가자료공동목록시스템(http://www.nl.go.kr/kolisnet)에서 이용하실 수 있습니다.
(CIP제어번호 : CIP2020020060)

www.nexusbook.com

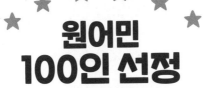

원어민
100인 선정

매일 쓰는

미국

영어

회화 100

룩룩잉글리쉬 지음

넥서스

왜 이 책을 쓰게 되었나?

서점을 들러서 소위 말하는 원어민들이 많이 사용하는 표현들을 정리해 놓은 책을 쭉 살펴보았습니다. 또, 인스타그램, 유튜브 등에서 원어민들이 많이 사용하는 표현이라고 주장하는 표현들을 살펴보았습니다. 놀라운 것은 영어로 밥벌이를 하며 매일 원어민들과 소통을 하는 저에게도 익숙하지 않은 표현들이 꽤 눈에 띄었다는 것입니다. 그래서 생각했습니다. 아니, 우리나라 학생들이 나도 모르는 저런 표현들을 알 필요가 있을까? 단지 영화/미드/유튜브에서 원어민이 말하는 표현이 몇 번 나왔다고 해서 그것이 정말 많은 원어민들이 사용하는 표현일까? 그럼 내 주변에 있는 원어민 친구들은 뭐지?

그래서 저는 자료를 수집하기 시작했습니다. 시중에 있는 모든 표현 서적은 다 뒤져서 엑셀에 정리하기 시작했습니다. 또 인스타그램, 유튜브, 구글에서도 많이 쓰이는 표현이라고 하는 자료들을 최대한 모았습니다. 그리고 그 표현들을 200명 가까이 되는 원어민들과 거의 8개월 동안 매일 대화하면서 빈도를 확인하는 과정을 거쳤습니다. 북미의 다양한 지역, 다양한 나이대를 최대한 반영해서 누구나 알고, 자주 사용하는 표현들을 고르는 작업을 했습니다. 저도 이 작업을 하면서 상당히 놀랐습니다. 특히, 많은 사람들이 좋은 자료라고 알고 있는 미드, 영화 쪽에서 나오는 표현들 중 실제 원어민들은 많이 사용하지 않는 표현이 꽤 많았습니다. 이 과정을 통해 '원어민들이 정말 공통적으로 많이 사용하는 표현은 어느 정도 정해져 있구나'라는 생각과 동시에 제가 이미 원어민들과 많이 사용하는 표현들이 실제로 99%의 원어민들도 일상생활에서 정말 자주 사용하는 표현임을 알게 되어, 그래도 '학생들에게 실제로 원어민들이 많이 사용하는 표현을 가르친 것은 맞구나'라는 안도감이 들었습니다.

본격적으로 책을 준비하면서, 혼자 하는 것보다는 똑똑하고, 글을 잘 쓰는 젊은 원어민 친구와 글을 쓰면 이렇게 뽑은 표현들이 좀 더 실생활에 많이 사용하는 문장들로 자연스럽게 만들어질 것이고, 나아가서 글을 좋아하는 창의적인 원어민 친구라면 선정한 표현들로 구성된 하나의 스토리를 만들 수 있지 않을까 하는 생각이 들었습니다. 그래서 미국 친구인 Elliott과

본격적인 작업을 시작했습니다. 우선 Elliott과 함께 원어민들이 실제로 많이 쓰는 100개의 표현을 선정하고, 그리고 100개의 표현을 20개의 챕터로 나눈 후, Ethan이라는 주인공이 대학 생활부터 여가시간, 친구 관계, 연애, 직장생활, 헤어짐, 여행, 그리고 결국 결혼까지 하게 되는 과정을 스토리로 만들었습니다. 20개 챕터의 리뷰에 나와 있는 대화를 차근차근 읽어보면 Ethan이라는 주인공이 겪는 실제 일어날 만한 스토리를 맛볼 수 있고, 동시에 이 책에서 다루는 100개의 표현들이 자연스럽게 녹아 있기에 그만큼 쉽게 머릿속에 각인이 될 수 있을 것입니다.

이렇게 만들어진 100개의 표현, 짧은 대화, 그리고 리뷰 대화들을 직접 까다롭게 선정한 6명의 서포터즈들에게 미리 보여준 뒤, 질문들을 모았습니다. 그리고 그 질문들에 대한 답변을 매 챕터 끝에 실었습니다. 안타깝게도 지면이 부족하거나, 영상으로 설명하는 게 훨씬 더 효율적인 부분은 룩룩잉글리쉬 블로그와, 유튜브 영상을 통해서 자세하게 설명했습니다. 또, 단순하게 100개의 표현뿐만 아니라 그 표현과 연관되는 표현들 중에서 실제 원어민들이 많이 사용하는 표현들, 헷갈리는 표현들을 설명해 놓았으며, 공동 저자인 Elliott을 비롯해서 룩룩잉글리쉬에서 활발한 활동을 하고 있는 Peter, Norman 등의 열정 가득한 원어민 친구들과 각 표현을 영상으로 제작했습니다.

이 교재를 통해서 원어민들이 정말 실제로, 현실에서 사용하는 표현들이 어떤 것인지 알게 되길 바라며, 단순히 구글, 유튜브를 검색해서 내는 통계가 아닌 많은 원어민과 직접 소통하면서 실제로 사용하는 영어 표현들을 앞으로 많이 소개해드리려고 합니다. 이 책이 한국의 영어 교육에 크게 이바지하는 책이 되길 바랍니다.

룩룩잉글리쉬
일명 **룩쌤 Luke Kim**

머리말

Hey everyone!

My name is Elliott Pak. I was born and raised in California in a place called Orange County, just near Los Angeles. My parents were born in Korea but immigrated to the United States when they were quite young.

I went to San Diego State University and studied Hospitality and Tourism Management with a focus in Event Management as well as Business Marketing. After I graduated, I worked in a number of different fields searching for what I was most passionate about, including the music industry, festival management, hotels, real estate, and even the movie industry.

Eventually, life at home started to feel stale to me, so I decided to buy a one-way ticket to the other side of the world. I ended up backpacking across Australia and Southeast Asia for about four months. During my travels, I discovered my passion for writing and documenting the stories that I saw all over the world. I also realized during this time that I loved to teach.

After that trip, I decided it would be the perfect time to return to the motherland and rediscover my roots while putting these newfound passions to work. I was accepted for a job as an English teacher in Seoul, so I packed my bags and headed to my new home. I fell in love with Korea almost instantly – the food, the scenery, the people, the culture – it was all so amazing and new to me. As much as I love living in the city, I love being able to help students learn while also being able to pursue my writing career even more.

Although I enjoyed what I did, I quickly realized that the Korean education system is really focused on certain aspects (test-taking strategies and vocabulary especially) that aren't really beneficial to the main reason why people study English – to speak English! The result was a lot of really smart

Korean people who knew a lot of useless vocabulary and test-taking strategies, but still weren't comfortable having simple conversations in English.

Another problem is that a lot of English content in Korea is being taught by Korean people who aren't really native speakers, so they end up teaching really old-fashioned and outdated phrases that aren't even used anymore. To be honest, I think these things can make studying a complete waste of time and effort.

I decided to write this book because I want to help Korean English-learners learn the things that really matter when it comes to having conversations. A lot of these things are actually really simple - they just need to be explained the right way!

I'm a native speaker who was born in California and lived there for the first 25 years of my life, so you can trust me. In addition, we've interviewed a ton of native speakers for this book to show you as many points of views for the phrases we are teaching. We want to be as honest with you about what is used and what isn't used so that you can learn all the right things.

My goal is to help you comfortably speak English by teaching you phrases and idioms that will actually be used in daily conversations. I genuinely hope that this book will help you become more confident as an English-speaker! Nothing would make me happier than to know that I helped you understand something that you weren't able to figure out before.

Good luck!

Elliott Pak

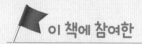 이 책에 참여한

원어민 추천사

Dylan

Idiomatic expressions are an essential part of the English language. They are used in the daily conversations of English speakers all over the world. As such, the knowledge of English idioms can go a long way in helping to improve one's comprehension of the English language. This book does a great job of explaining English idioms and demonstrating the use of them in a variety of real-world settings and situations.

CJ

Hey guys! I really hope this book helps you learn to converse in English better. It's important to learn the phrases covered in this book to have natural conversations with English speakers. Starting a conversation in a foreign language is extremely helpful. It will benefit you in many ways!

Kevin

Hey everyone! Kevin here. I had a lot of fun helping out with this book and I really hope that it helps you speak in English with more confidence. Knowing idiomatic phrases like the ones we mention in this book are super helpful in having basic, everyday conversations with other English speakers. I hope you have as much fun learning English as I did teaching it!

Kelly

Hi everyone! This is Kelly. The phrases in this book are super helpful when it comes to having everyday conversations. After reading this book, I know you guys are going to be much more confident as English speakers!

Norman

For any Korean student of English who wishes to improve their fluency level quickly, I highly recommend this book! You will learn many common idioms that native English speakers use daily, and before you know it, your confidence when speaking to native English speakers will not only grow, but you'll be able to have more full on conversations in English more easily and comfortably! And because the content of this book was validated by native English speakers with many years of experience teaching English in Korea, you can rest assured that what you are learning is current. Congratulations to you for taking the next step in improving your English by having this book.

Peter

As someone who's been teaching English in South Korea for going on eight years, I can tell you that the phrases contained within this book will come in handy for English language learners of any level from beginner to advanced. Take a look and see how you can enrich your word choices.

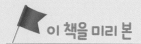

서포터즈들의 리얼 후기

중국어를 부전공했지만 같은 어학인데도 불구하고 이상하게 영어는 제게 너무 멀고 어렵게만 느껴졌어요. 도움이 될 만한 유튜브 영어 채널을 찾아다니다 룩룩선생님을 알게 되어 정말 많은 도움을 얻게 되었습니다. 실제 생활에서 잘 사용하는 영어 표현들을 모아 자세한 설명과 함께 원어민 선생님의 코멘트까지! 제겐 빛과 같은 영어책이랍니다! 룩룩선생님의 열정이 가득 담긴 영어책이 여러분의 영어 실력에 큰 힘이 되어 드릴 거예요!

• 밴드에서 기타리스트까지 하는 **초등학교 리원 쌤**

영어를 한다고 하면 괜히 움츠러들고 뭔가 있어 보여야 할 거 같은데 이 책은 그런 생각을 타파해줬습니다. 우리가 일상에서 자연스럽게 쓰는 말이 대화에 있어 가장 중요하다는 것이죠. 혼자만 아는 표현이면 누구와 소통이 될까요? 마찬가지로 영어권 사람들이 자주 전형적으로 쓰는 표현들을 배우면서 자연스럽게 그 속에 녹아드는 느낌이었습니다! 그들의 일상으로 들어가 보세요.

• Truth researcher, **야르갱**

한국인들에게 영어는 항상 어려운 존재라고 생각해요. 10년 넘게 영어를 배웠지만, 외국인을 만나면 위축되었는데, 원어민들이 자주 쓰는 표현들을 쉽게 설명해줘서 이해가 더 잘 됐어요. 이제 배운 표현들을 직접 써보러 나가고 싶네요! 책을 통해 알게 된 배움을 많은 분들과 공유하고 싶어요.

• 여행을 즐기고 사랑하는 **세희 님**

영어는 항상 저에게 갈증이었던 거 같아요. 취미로 하는 영어였지만 토익 800점에 여행은 곧잘 다녔기에 외국 삶이 어렵지 않을 거라 생각하고 그 갈증을 해소하고자 1년 반의 캐나다 생활을 시작했습니다. 하지만 캐나다의 삶은 영어로 인한 좌충우돌의 연속이었습니다. 결국 다시 영어 공부를 시작하면서 룩쌤을 만나게 되었어요! 예전 캐나다 생활하면서 궁금했지만, 사전만으로는 캐치할 수 없었던 뉘앙스를 수업을 통해 하나씩 접하면서 정말 무릎을 치곤 합니다! 룩쌤의 장점은 원어민들이 진짜 사용하는 리얼 영어라는 것! 이번 책에 서포터즈로 참여하면서도 역시 룩쌤이라는 감탄이 나왔습니다. 원어민들이 쓰는 단어/표현은 간단하지만 그 속뜻을 이해하기는 쉽지 않은데요. 그런 부분을 해소할 수 있답니다. 이 책을 통해 다시 한 번 제 영어 실력이 한 단계 올라갈 거라 기대하고 있어요! 룩쌤 파이팅!

• 초 3, 4학년 두 공주의 엄마이자 워킹맘 김혜미

아이들 가르치며 많은 책을 보았는데 거의 대입식이라 체득화되기가 쉽지 않았죠. 이 책은 원어민만 알고 쓰는 표현들을 금세 습득할 수 있도록 한국인 입장에서 실수할 만한 팁도 알려주고, 원어민 선생님의 정확한 설명까지 수록되어 있어요. 그런데 간략하기까지 해요! 암기할 필요 없이 모든 표현이 응집되어 있는 리뷰 지문까지 읽다 보면 확실히 내 것이 되는 마법이 펼쳐집니다! 수준에 구애받지 않아요. 원어민 표현을 느낌 그대로 이해하기 쉽게 알려주는 책이 이것 말고 또 있을까요?

• 프리랜서 혜빈 님

그저 사전에서 단어를 외우기만 해서 실제로는 어떻게 사용해야 하는지 몰랐던 적, 혹은 내가 알고 있던 단어가 내가 생각했던 것과 다르게 쓰인 적 없으신가요? 그런 고민을 이 책은 한 번에 해결해 줄 겁니다. 여가 시간에 독서를 하듯 가볍게 책을 술술 읽어 나가면 어느새 여러 가지 유용한 표현들을 익히고 계실 겁니다. 이 책과 함께라면 누구나 영어가 편하게 느껴질 것이라는 생각이 듭니다.

• 계속해서 영어 공부를 하고 싶은 이은경

원어민이 매일 쓰는
표현 100 공부법

1. 핵심 표현 확인하기

원어민들이 매일 쓰는 표현들만 모았습니다.

2. 부가자료 확인하기

QR 코드를 스캔하여 아래 부가자료들과
함께 공부해 보세요.
· 저자 직강 동영상 강의
· 원어민들의 생생한 동영상 코멘트
· 원어민 MP3

MP3 & 동영상 확인

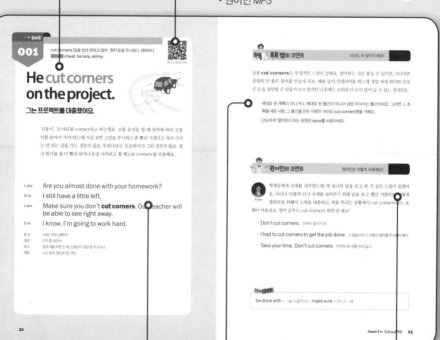

3. 대화문 따라 읽기

핵심 표현이 들어간 자연스러운
구어체 대화를 읽어 보세요.

4. 이것도 꼭 알아두세요!

핵심 표현에 대한 확장된 설명과
함께 알아두면 좋은 내용들을 읽어 보세요.

5. 원어민들의
생생한 코멘트 보기

핵심 표현에 대한 원어민들의 생생한 코멘트가 담겨 있어요.
영상과 함께 보면서 뉘앙스를 확인해 보세요.

Review

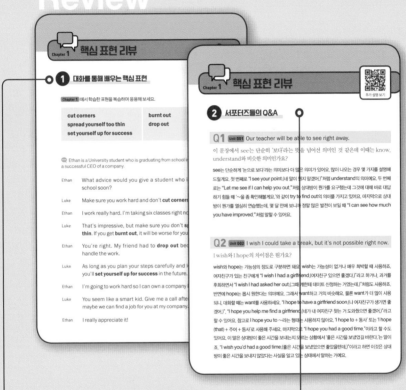

6. 스토리가 있는 대화문으로 복습하기

리뷰에 제공되는 주인공의 스토리가 담긴 대화문을 읽어보세요.
앞에서 배운 표현들이 녹아 있어 자연스럽게 복습할 수 있어요.

7. Q&A 코너를 통해 한 번 더 복습하기

많은 분들이 어려워하고 헷갈려 하는 질문들을 모은 뒤,
꼭 필요한 내용들로 엄선했습니다.
질문과 답변을 읽어보면서 한 번 더 복습해 보세요.

100퍼센트 활용하기 🔍

 저자 동영상 강의 — 저자 선생님이 직접 촬영한 강의를 직접 보면서 공부해 보세요.

 원어민 코멘트 영상 — 각 표현에 대한 원어민들의 생생한 코멘트들을 함께 확인해 보세요.

 원어민 MP3 — 원어민이 직접 녹음한 MP3를 들으며 발음을 체크해 보세요.

 스피킹 MP3 — 주요 표현이 들어 있는 문장들을 뽑아 MP3를 구성했습니다. MP3를 들으며 큰 소리로 따라 말해 보세요.

 단어 노트 (PDF) — 본문에 나온 단어들을 정리했습니다.

부가자료는 여기서 확인할 수 있어요!

원어민 MP3
- 스마트폰으로 책 속의 QR코드를 인식하세요.
- PC에서 MP3 다운받기 www.nexusbook.com

동영상
- 스마트폰으로 책 속의 QR코드를 인식하세요.
- 유튜브에서 **룩룩잉글리쉬** 를 검색하세요.

단어 노트
- PC에서 PDF 다운받기 www.nexusbook.com

* 룩룩쌤의 추가 자료는 QR코드 및 블로그, 유튜브를 통해 계속 업데이트됩니다.

차례

Chapter 1   School · 학교

Chapter 2   Free time · 여가 시간

Chapter 3   Sports · 스포츠

Chapter 4   Daily life · 일상 생활

Chapter 5   News · 뉴스, 소식

Chapter 6   Work · 회사

Chapter 7   Travel · 여행

Chapter 8   Relationship · 관계

Chapter 9   Argument · 논의

Chapter 10   Friends · 친구

Chapter 15   Job Hunting · 취업, 구직

Chapter 16   Talent and skills · 재능과 기술

Chapter 17   Celebrities · 유명인

CHAPTER

1

School
학교

Unit 001 He **cut corners** on the project.
그는 프로젝트를 대충했어요.

Unit 002 Don't **spread yourself too thin**.
너무 일 좀 많이 벌이지 마.

Unit 003 This will help you **set yourself up for success**.
이것이 성공으로 나갈 수 있도록 도와줄 거야.

Unit 004 I'm getting **burnt out**.
정말 너무 피곤해.

Unit 005 He **dropped out** of school.
걔는 학교 중퇴했어.

cut corners (일을 쉽게 하려고) 절차·원칙 등을 무시하다. 생략하다
유사표현 cheat, be lazy, skimp

MP3 & 동영상 확인

He cut corners on the project.

그는 프로젝트를 대충했어요.

'모퉁이', '모서리'를 corner라고 하는데요. 보통 운전을 할 때 원칙에 따라 모퉁이를 돌아서 가야 하는데 가끔 보면 그것을 무시하고 좀 빨리 가겠다고 차가 가서는 안 되는 길을 가는 경우가 있죠. 우리나라는 오토바이가 그런 경우가 많죠. 결국 뭔가를 좀 더 빨리 하거나 돈을 아끼려고 할 때 cut corners를 사용해요.

Luke	Are you almost done with your homework?
Erin	I still have a little left.
Luke	Make sure you don't **cut corners**. Our teacher will be able to see right away.
Erin	I know. I'm going to work hard.

루크	숙제 거의 다했어?
에린	아직 좀 남았어.
루크	절대 대충 하면 안 돼. 선생님이 금방 알 수 있다고.
에린	나도 알아. 열심히 할 거야.

룩룩 쌤의 코멘트　　　　　　　　　　이것도 꼭 알아두세요!

보통 **cut corners**는 부정적인 느낌이 강해요. 절약하는 것은 좋을 수 있지만, 지나치면 분명히 안 좋은 결과를 만들게 되죠. 예를 들어 인테리어를 하는 데 정말 싸게 한다면 당장 은 돈을 절약할 수 있을지 모르겠지만 나중에는 오히려 더 돈이 많이 들 수 있는 것처럼요.

• 제대로 된 계획이 아니거나, 제대로 된 물건이 아니라 금방 부서지는 물건이에요. 그러면 그 계 획을 세운 사람, 그 물건을 만든 사람은 아마도 cut corners했을 거예요.

• 단순하게 '절약하다'라는 표현은 save를 사용하세요.

원어민의 코멘트　　　　　　　　　　원어민은 이렇게 사용해요!

Peter

학생들에게 숙제를 내주었는데, 딱 보니까 답을 보고 한 거 같은 느낌이 들었어 요. 아니나 다를까 단지 숙제를 보여주기 위해 답을 보고 했던 거였어요. 이렇게 결과만을 위해서 노력을 대충하고, 꾀를 부리는 상황에서 cut corners라는 표 현이 어울리죠. 영어 공부도 cut corners하면 안 돼요!

● Don't cut corners. 잔머리 굴리지 마.

● I had to cut corners to get the job done. 그 일을 마치기 위해서 절차를 무시해야 했다.

● Take your time. Don't cut corners. 천천히 해. 대충 하지 말고.

단어 & 표현

be done with ~ ~을 다 끝마치다　make sure ~ 반드시 ~해

spread oneself too thin 너무 많은 일을 벌이다
유사표현 to do too much, bite off more than you can chew,
go too far, burnt out

MP3 & 동영상 확인

Don't spread yourself too thin.

너무 일 좀 많이 벌이지 마.

열심히 사는 사람들이 특히 많은 것을 하려고 하죠. 전 가르치는 일도 하고, 비즈니스도 운영하고, 책도 쓰고, 영상 촬영도 하고, 편집도 하고 그러다 보면 정말 가끔 미칠 정도로 바쁘다 보니 제대로 아무것도 안 되는 경우가 발생하거든요. 그때 제게 "Don't spread yourself too thin!"이라고 해주세요.

Luke   I'm really busy today. I think I will have to stay late.

Erin   Don't **spread yourself too thin** or you might get sick.

Luke   I wish I could take a break, but it's not possible right now.

Erin   Make sure you take care of yourself.

루크   오늘 너무 바쁘네. 늦게까지 있어야 할 거 같아.
에린   너무 지나치게 하지 마, 그러다 병날지도 몰라.
루크   나도 휴식을 갖고 싶은데 지금은 불가능해.
에린   꼭 몸 잘 챙겨.

룩룩 쌤의 코멘트 이것도 꼭 알아두세요!

이 표현은 토스트에 버터를 spread(펴 바르다)하는데 바르다 보니 버터가 많이 부족한 상황을 생각하시면 된답니다. 시간이나 에너지를 버터라고 생각한다면 토스트의 면적처럼 너무나 많은 일을 다 하려다 보니 힘든 상황을 생각하면 쉽게 적절한 상황에 사용할 수 있을 거예요.

• "Don't bite off more than you can chew."라는 표현도 비슷한데요. 자신이 chew(씹다)할 수 있는 것보다 더 많이 bite off(깨물다)하게 되면 어떻게 되겠어요? 욕심 때문에 그렇게 하다가 결국 소화불량으로 고생할 수 있죠. 할 수 있을 만큼만 하고 지나치게 능력을 넘어서는 것을 하지 말라는 의미예요.

원어민의 코멘트 원어민은 이렇게 사용해요!

Peter

'너무나 지나치게 많은 일을 해서 정말 피곤하게 되다'라는 표현이죠. 최근에 일이 좀 많은데 이럴 때일수록 너무 지나치게 많은 일을 벌이는 것보단(spread myself too thin) 어느 정도 우선순위를 만들어서 일을 처리하는 게 중요한 거같아요.

• She was spreading herself too thin. 그녀는 일을 너무 많이 벌였어.

• The company grew too fast and spread itself too thin.
그 회사는 너무 빨리 성장해서 너무 많은 일을 벌이게 되었다.

• I'm afraid that I've spread myself too thin. 안타깝게도 내가 너무 일을 벌인 거 같아.

단어 & 표현

stay late 늦게까지 일하다(= work late) I wish I could ~ ~할 수 있으면 좋겠지만
make sure ~ 꼭 ~해, ~하는 거 잊지 마 Take care of yourself! (건강, 몸) 잘 챙겨!

set oneself up for success 성공으로 나아가기 위해 준비하다
유사표현 prepare for the future, working towards something

MP3 & 동영상 확인

This will help you set yourself up for success.

SUCCESS

이것이 성공으로 나갈 수 있도록 도와줄 거야.

좋은 결과는 그만큼의 노력이 필요합니다. 보통 우리가 성공을 하려면 그것을 위해 미리 계획을 세우고 실천을 해야 하겠죠. 열심히 공부하고, 좋은 사람을 주변에 두고, 확실한 목표를 설정하고, 매일 습관적으로 꾸준히 했을 때 좋은 결과가 오게 되는데 이럴 때 우리는 set yourself up for success라는 표현을 사용할 수 있어요.

Luke　How do I **set myself up for success**?

Erin　The most important things you need to do are set your goals and work hard.

Luke　Good advice, but it sounds hard to do.

Erin　It's not easy, but it's worth it.

루크　어떻게 성공할 수 있을까?
에린　가장 중요한 것은 목표를 설정하고 열심히 일하는 거야.
루크　좋은 충고네. 근데 그렇게 하기 어려운 것 같아.
에린　쉽지 않지만 할 만한 가치가 있어.

 **룩룩 쌤의 코멘트** 　　　　　　　이것도 꼭 알아두세요!

성공에만 **set yourself up for**할 수 있는 것은 아니에요. set yourself up for 뒤에는 failure(실패), disappointment(실망), happiness(행복), retirement(은퇴) 등 다양한 것들이 나올 수 있어요.

- "Don't set yourself up for disappointment."라는 표현은 기대를 하고 있는 친구에게 기대가 너무 크면 실망도 큰 법이니 '너무 미리부터 기대하지 마'를 표현한 문장이죠.

 원어민의 코멘트 　　　　　　　원어민은 이렇게 사용해요!

Peter

이 표현은 계획을 세우거나 뭔가를 준비할 때 사용할 수 있어요. 예를 들어, 당신이 한 살배기 아기를 보고 있다고 생각해봐요. 아기 부모님들이 기저귀, 물병, 음식, 긴급 연락처들을 남겼고, 아이가 뭘 좋아하는지 싫어하는지 정확하게 알려줬어요. 부모님들이 아기를 잘 볼 수 있도록 준비를 해 준 거죠. "They are setting you up for success."한 거죠. 성공할 수 있도록 잘 준비를 해 준 거죠.

- He set himself up for success. 그는 성공을 위해서 철저한 계획을 세웠다.

- Plan ahead to set yourself up for success. 성공을 위해서는 미리 준비를 해야 해.

- Set yourself up for success this year!
  이번 해에 성공하기 위해서 확실히 계획 세우고 준비해!

단어&표현

set goals 목표를 세우다　worth ~할 가치가 있다

burnt out(burned out) 에너지를 소진하다
유사표현 work too hard, exhausted, overdo, go too far

MP3 & 동영상 확인

I'm getting burnt out.

정말 너무 피곤해.

직장에서 매일 야근을 하거나, 학교 프로젝트 때문에 운동도 못하는 상황 등 이런 다양한 상황에 직면하게 되면 우리 몸에 있는 에너지를 태워서 에너지가 없어 피곤하고 아프기까지 한 상황으로 만들죠. 그런 상황에 있다면 "You're burnt out." 또는 "You're burned out."을 쓰면 됩니다.

Luke	My students have had exams all week. They all look **burnt out**.
Erin	They must have been studying all night.
Luke	They need to get more sleep or they'll get sick.
Erin	Your students work too hard.

루크　학생들이 일주일째 시험 봤어. 다들 완전 피곤해 보여.
에린　밤새 공부했나 봐.
루크　잠 좀 자야 할 텐데. 안 그럼 병이 날 거야.
에린　네 학생들은 너무 열심히 한다.

룩룩 쌤의 코멘트   이것도 꼭 알아두세요!

이 표현은 spread yourself too thin과 일맥상통해요. 차이가 있다면 spread yourself too thin은 너무나 많은 일을 동시에 해서 아무것도 제대로 못하는 의미라면 **burnt out**은 꼭 그런 게 아니더라도 뭔가를 많이 해서 피곤하다는 의미예요. 한 가지 일도 계속하면 burnt out될 수 있죠.

- 같은 직장에서 20년 있어서 지겨워 더 이상 일하고 싶지 않을 때 "I'm burnt out."하면 육체적인 피곤함이 아니라 정신적인 피곤함을 얘기해요.

원어민의 코멘트   원어민은 이렇게 사용해요!

Peter

이 표현은 뭔가를 지나치게 열심히 해서 녹초가 되었을 때 사용해요. 제가 대학에 다닐 때 학점도 유지하고 동시에 학비도 벌어야 해서 지나칠 정도로 힘들었는데, 그래서 그랬는지 항상 아팠고 잠도 잘 못 잤어요. 완전히 burnt out 됐었죠.

- You will get burnt out if you work too hard.
  너무 그렇게 일하면 정말 피곤해서 녹초가 될 거야.

- Don't burn yourself out. 너무 무리하지 마.

- I'm burnt out. 나 정말 피곤해.

단어 & 표현

all week 일주일 내내 all night 밤새

drop out (참여하던 것에서) 빠지다, 손을 떼다, 중퇴하다
유사표현 quit, give up, finish, abandon, withdraw

MP3 & 동영상 확인

He dropped out of school.

걔는 학교 중퇴했어.

뭔가를 끝까지 하지 않고 중간에 그만둘 때 이 drop out이라는 표현을 사용할 수 있어요. 이 표현이 가장 많이 사용되는 경우는 학생이 졸업하기 전에 학교를 그만두는 경우죠. 물론 마라톤 경기를 하다가 중간에 그만두는 경우처럼 다른 상황에서도 사용이 가능해요.

Luke	I'm going to **drop out** of the book club.
Erin	Why? You only went to one meeting.
Luke	I start working on Tuesday nights. I won't have time to do both.
Erin	What about attending a weekend book club?
Luke	That sounds great.

루크	북클럽에서 탈퇴하려고.
에린	왜? 겨우 한 번밖에 안 나가봤잖아.
루크	화요일 밤에 일 시작하거든. 둘 다 할 시간이 없어.
에린	주말 북클럽에 참여하는 것은 어때?
루크	그거 좋다.

룩룩 쌤의 코멘트   이것도 꼭 알아두세요!

drop-out이라는 표현은 끝마치지 못하고 중간에 탈락한 사람을 말하는 표현으로도 사용할 수 있어요. 고등학교를 중퇴한 사람은 a high school drop-out, 대학교 중퇴한 사람은 a college drop-out 이렇게요.

- 보통 drop out은 학교를 그만둘 때 많이 사용하는데 다른 경우에 '그만두다'라고 할 때 많이 사용하는 표현은 quit이라는 표현이에요. quit my job, quit school, quit smoking처럼요.
- 보통 quit은 단순한 것을 그만두기보다는 습관이나 중요한 일(직장, 학교)을 그만둘 때 사용해요. 반면에 stop은 주로 현재 하고 있는 동작을 멈추는 경우에 많이 쓰여요. stop은 그 순간의 동작을 그만둘 때 주로 사용하죠. 담배를 피우고 있는 사람에게 '여기 담배 피우는 곳이 아니니 담배 그만 피우세요!'라고 하려면 "Stop smoking!"이라고 해야겠죠.

원어민의 코멘트   원어민은 이렇게 사용해요!

Peter

이 표현을 들었을 때 가장 먼저 생각나는 것은 학교를 끝내지 않고 중간에 그만두는 게 생각이 나네요. 매우 부정적인 의미가 담겨 있죠. 학교의 중요성에 대해서 별로 생각을 하지 않거나, 어떤 계획에 대해서 중요하다고 생각하지 않는 사람이 떠오르네요. 물론 스티브 잡스나, 마크 저커버그 같은 대학 중퇴생이 성공한 예외도 있죠.

- Don't drop out of school. 학교 그만두지 마.
- He dropped out of school and started working.
  그는 학교를 중퇴하고 일을 시작했어.
- If you drop out, you won't have as many opportunities.
  너 그만두면, 그만큼 많은 기회가 없을 거야.

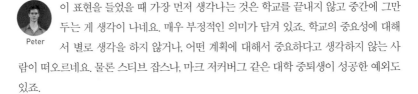

단어 & 표현

club 클럽, 동호회   both 둘 다

1 대화를 통해 배우는 핵심 표현

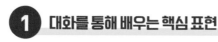

Chapter 1 에서 학습한 표현을 복습하며 응용해 보세요.

cut corners	**burnt out**
spread oneself too thin	**drop out**
set oneself up for success	

💬 Ethan is a University student who is graduating from school in a few weeks. Luke is a successful CEO of a company.

Ethan   What advice would you give a student who is graduating from school soon?

Luke   Make sure you work hard and don't **cut corners** when you study.

Ethan   I work really hard. I'm taking six classes right now.

Luke   That's impressive, but make sure you don't **spread yourself too thin**. If you get **burnt out**, it will be worse for you in the long run.

Ethan   You're right. My friend had to **drop out** because he couldn't handle the work.

Luke   As long as you plan your steps carefully and keep working hard, you'll **set yourself up for success** in the future.

Ethan   I'm going to work hard so I can own a company like you one day.

Luke   You seem like a smart kid. Give me a call after you graduate and maybe we can find a job for you at my company.

Ethan   I really appreciate it!

💬 에단은 몇 주 있으면 졸업하는 대학생이에요. 루크는 회사의 성공한 CEO예요.

에단   곧 학교를 졸업하는 학생에게 어떤 조언을 해주시겠어요?

루크   꼭 열심히 하세요. 그리고 공부할 때 대충 하지 마세요.

에단   열심히 하고 있어요. 현재 6개 클래스를 듣고 있습니다.

루크   대단하네요, 근데 너무 지나치게 많은 것을 하지 마세요. 너무 피곤해 녹초가 되면, 장기적으로 보면 더 안 좋아요.

에단   맞아요. 제 친구는 일이 너무 많아져서 중퇴를 해야 했어요.

루크   미리 뭘 할지 주의 깊게 계획을 세우고 열심히 하면, 미래에 성공적으로 대비하는 거예요.

에단   정말 열심히 일해서 저도 언젠간 대표님처럼 회사를 운영할 수 있으면 해요.

루크   똑똑한 학생처럼 보이는데. 졸업하고 연락해요, 우리 회사에서 자리가 있으면 아마 같이 일할 수도 있겠네요.

에단   정말 고맙습니다!

make sure ~ 꼭 ~ 해 impressive 대단한 in the long run 장기적으로, 결국엔
handle 다루다. 처리하다 as long as ~하기만 하면 I appreciate it. 고맙습니다.

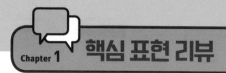

2 서포터즈들의 Q&A

Q1 Unit 001 Our teacher will be able to see right away.

이 문장에서 see는 단순히 '보다'라는 뜻을 넘어선 의미인 것 같은데 이때는 know, understand와 비슷한 의미인가요?

see는 단순하게 '눈으로 보다'라는 의미보다 더 많은 의미가 있어요. 많이 나오는 경우 몇 가지를 설명해 드릴게요. 첫 번째로 "I see your point.(네 말이 뭔지 알겠어.)"처럼 understand의 의미예요. 두 번째 로는 "Let me see if I can help you out."처럼 상대방이 뭔가를 요구했는데 그것에 대해 바로 대답 하기 힘들 때 '~을 좀 확인해볼게요.'와 같이 try to find out의 의미를 가지고 있어요. 마지막으로 상대 방이 뭔가를 열심히 연습했는데, 몇 달 만에 보니까 정말 많은 발전이 보일 때 "I can see how much you have improved."처럼 말할 수 있어요.

Q2 Unit 002 I wish I could take a break, but it's not possible right now.

I wish와 I hope의 차이점은 뭔가요?

wish와 hope는 가능성의 정도로 구분하면 돼요. wish는 가능성이 없거나 매우 희박할 때 사용하죠. 여자친구가 있는 친구에게 "I wish I had a girlfriend.(여자친구 있으면 좋겠다.)"라고 하거나, 과거를 후 회하면서 "I wish I had asked her out.(그때 걔한테 데이트 신청하는 거였는데.)"처럼도 사용하죠. 반 면에 hope는 몹시 원한다는 의미예요. 그래서 want하고 거의 비슷해요. 물론 want가 더 많이 사용되 니, 대화할 때는 want를 사용하세요. "I hope to have a girlfriend soon.(나 여자친구가 생기면 좋겠 어.)", "I hope you help me find a girlfriend.(네가 내 여자친구 찾는 거 도와줬으면 좋겠어.)"라고 할 수 있어요. 참고로 I hope you to ~라는 형태는 사용하지 않아요. 'I hope to + 동사' 또는 'I hope (that) + 주어 + 동사'로 사용해 주세요. 마지막으로 "I hope you had a good time."이라고 할 수도 있어요. 이 말은 상대방이 좋은 시간을 보내는지 모르는 상황에서 '좋은 시간을 보냈었길 바란다.'는 말이죠. "I wish you'd had a good time.(좋은 시간을 보냈었으면 좋았을 텐데.)"이라고 하면 이것은 상대방이 좋 은 시간을 보내지 않았다는 사실을 알고 있는 상태에서 말하는 거예요.

on and off 때때로, 불규칙하게
유사표현 occasionally, sometimes, from time to time

MP3 & 동영상 확인

I see her
on and off.

나 걔 가끔 봐.

어떤 일을 가끔 할 때 이 표현을 사용해요. 항상 하는 것은 아니지만, 아예 안 하는 것도 아닌 경우. '했다가(on) 안 했다가(off)', '그랬다가 안 그랬다가'라는 한국어 표현하고 비슷하죠. 보통 이 표현은 누군가를 가끔 볼 때, 또는 어떤 일을 가끔 할 때 사용해요.

Mark	Do you still spend time with Luke?
Erin	**On and off.** We don't see each other as much as we used to, but we still meet up from time to time.
Mark	Why not?
Erin	Ever since he got that new job, he's been really busy.

마크	너 아직 루크하고 만나니?
에린	가끔. 예전처럼 많이 보진 않지만, 그냥 가끔 만나긴 해.
마크	왜 자주 안 봐?
에린	새 직장 잡고 나선, 걔 정말 바빠.

룩룩 쌤의 코멘트　　　　　　　　　이것도 꼭 알아두세요!

on and off 말고도 off and on이라고 해도 같은 의미지만 on and off의 사용 빈도가 높으니 그냥 on and off로 기억해 주세요.

- 얼마나 자주 만나냐, 무언가를 얼마나 자주 하냐?(How often) 이런 질문을 받을 때 단독으로도 자연스럽게 사용할 수 있어요.

원어민의 코멘트　　　　　　　　원어민은 이렇게 사용해요!

Kevin

on and off는 했다가, 안 했다가 하는 거예요. 전 보통 이 표현을 들으면 남녀관계를 생각하게 되는데요. 여러분이 누구하고 데이트를 했다가 깨졌다가, 다시 사귀다가 하면 dating을 off and on (on and off)하는 거죠.

- We have been dating on and off. 우리는 사귀었다가 말다가 해왔어.

- It has been raining on and off all day. 하루 종일 비가 오락가락했어.

- I've been studying Korean on and off. 한국어를 배우다가 말다가 했어.

단어 & 표현

not as much as we used to 예전만큼은 아니다　from time to time 가끔
ever since ~ ~ 이후로 계속

bar hopping 여러 술집을 다니기
유사표현 pub crawl, bar crawl

MP3 & 동영상 확인

We went bar-hopping last night.

어젯밤에 이곳저곳 술 마시러 다녔어.

젊은 친구들은 술 마시는 거 좋아하죠. 1차를 하고 나서, 또 다른 술집으로 이동하고, 또 이동하고... 이렇게 하룻밤에 2군데 이상의 술집을 돌아다니면서 술을 먹을 때 bar-hopping이라는 표현을 사용해요. hop이라는 표현은 jump라는 의미로, 술 먹으면서 이동하는 느낌을 생각하시면 기억에 잘 남을 거예요.

Erin	I really want to go to that new bar downtown.
Luke	I've heard good things about it, but Mark wants to meet up at the sports bar because he wants to watch the baseball game.
Erin	The two bars are pretty close to each other. We can just go **bar-hopping** later.
Luke	Good idea!

에린	나 시내에 새로 생긴 술집 정말 가보고 싶어.
루크	그 술집에 대한 좋은 이야기를 좀 들었어. 근데 마크가 야구 경기 보고 싶다고 스포츠 바에서 만나자고 하네.
에린	그 두 술집 정말 가깝거든. 우리 나중에 이동하자.
루크	좋아!

룩룩 쌤의 코멘트　　　　　　　이것도 꼭 알아두세요!

'2차로 다른 곳에 술 먹으러 가자!'는 "Let's hit another bar." 또는 "Wanna hit another bar?"라고도 할 수 있어요.

- 술을 먼저 단체로 시키고, 여러분이 기분이 좋아서 거기 모인 친구들에게 '야! 이번에 나올 술은 내가 쏠게!'라고 할 때 "This round is on me."라고 할 수 있어요.

원어민의 코멘트　　　　　　　원어민은 이렇게 사용해요!

Kevin

이 책을 읽고 있는 분들이 한국 분들이라면 1차, 2차 등을 생각하실 텐데요. 바로 bar-hopping이 그런 느낌이에요. 1차로 가고 또 다른 곳에 가서 2차, 3차... 가끔은 각 술집에서 한 잔씩 하고 이동하죠. 보통 친구들하고 오랜만에 만나서, 한 잔하고 아쉬우니 bar-hopping을 하게 되죠.

- Let's go bar-hopping! 술 마시러 1차, 2차, 달려보자!
- They went bar-hopping downtown. 그들은 시내 이곳저곳을 돌면서 술을 마셨다.
- We went bar-hopping all night. 우리는 밤새 이곳저곳 다니면서 술을 마셨다.

단어 & 표현

meet up 만나다　each other 서로

by chance 우연히

유사표현 accidentally, unexpectedly

MP3 & 동영상 확인

We met at the store by chance.

우리는 그 가게에서 우연히 만났어요.

계획이 없는 상황에서 무언가가 우연히 발생했을 때 사용해요. by chance가 의문문에 사용되면 정중하게 '혹시나'라는 느낌으로 사용이 됩니다. 그런데 이때는 by any chance로 더 많이 사용되죠. 문장 전, 중, 후에 넣어서 사용할 수 있답니다. "Do you by any chance have any gum?(혹시 껌 있나요?)", "By any chance, have you ever seen that movie?(혹시, 그 영화 봤어요?)"처럼요. 언급했던 것처럼 의문문에서는 by any chance 대신 by chance라고 해도 같은 '혹시나'의 느낌으로 정중함을 표현하는 거예요.

Mark	I can't believe your sister knows my brother.
Jen	No way! How did they meet?
Mark	They met **by chance** at the grocery store.
Jen	I think they're meant to be together.

마크 네 언니가 내 형을 아는 게 믿기지 않는다.
젠 말도 안 돼! 어떻게 만난 거야?
마크 마트에서 우연히 만났대.
젠 그 둘 함께할 운명인 거 같아.

by chance는 by accident와 비슷해요. 하지만 약간의 차이가 있긴 해요. by chance는 정말 아무런 계획 없이 뭔가가 발생하는 경우 사용합니다. 예를 들어 길을 가다가 갑자기 100달러 지폐를 발견했다면 이때는 "I found a $100 bill by chance."라고 하면 되죠. 하지만 by accident는 주로 뭔가를 하다가 실수했을 때 사용을 해요. 실수로 커피를 쏟으면 "I spilled it by accident."라고 할 수 있겠죠.

- 우연히 누군가를 만나는 경우는 run into 또는 bump into를 사용해도 좋아요. "They ran into each other."이라고 하면 서로 우연히 마주쳤다는 말이죠.

원어민의 코멘트   원어민은 이렇게 사용해요!

Kevin

보통 by chance는 긍정적인 것이 우연히 발생할 때 사용해요. 만약 run into someone by chance라고 하면, 누군가를 우연히 만난 것이 좋다는 의미예요. 개인적으로 "I ended up living in Korean by chance."라는 말을 하는데요. 전 한국 회사에서 구인광고하는 것을 어쩌다 보게 되었고, 이것은 결국 나에게 우연히 발생하게 된 행운이었던 거죠. 그리고 우연히 한국에 오게 되었어요.

- Do you have some gum by any chance? 혹시 껌 있으세요?
- I found a dollar on the ground by chance. 우연히 땅에서 1달러를 발견했어.
- I ran into Sam at the store by chance. 우연히 가게에서 샘을 만났어.

단어&표현

I can't believe ~ 믿기지 않네, 어쩜 그럴 수 있지?   No way! 말도 안 돼, 정말?
grocery store 슈퍼마켓(식료품점)   meant to be together 함께할 운명인

work out 운동하다
유사 표현 exercise, train, do physical activities

MP3 & 동영상 확인

I'm going to
work out later.

나중에 운동할 거예요.

운동한다고 할 때 가장 많이 사용하는 표현이에요. 보통 헬스클럽에 가서 운동한다고 할 때 사용해요. "How often do you work out?(얼마나 자주 운동하니?)"처럼 일반적으로 '운동하다'라는 표현으로도 사용하지만 확실하게 구체적으로 무슨 운동을 하는지 물어볼 때는 "How often do you play soccer?", "How often do you do Pilates?"처럼 구체적으로 물어보면 더 낫겠죠.

Luke	I'm looking for a new place to **work out**.
Erin	You should go to my gym. It has everything.
Luke	Does it have Yoga classes?
Erin	Yes, it does. It has boxing and Pilates classes, too.

루크	운동할 새로운 곳을 찾고 있거든.
에린	내가 운동하는 헬스클럽에 와. 모든 게 다 있거든.
루크	요가 클래스 있어?
에린	응, 있어. 복싱하고 필라테스 클래스도 있어.

work out은 '운동하다'라는 동사이긴 하지만 붙여서 하나의 단어로 workout이라고 하면 '운동'이라는 명사가 되죠. I'm going to work out at the gym later.(동사), I had a great workout today.(명사)

· work out과 exercise는 비슷해요. 그런데 원어민들이 사용할 때를 분석해보면 work out은 보통 헬스클럽(gym)에 가서 운동할 때 사용하죠. 그래서 walking, jogging이나 다른 스포츠를 할 때는 work out이라는 표현을 사용하진 않고 exercise가 자연스러워요.

 원어민의 코멘트　　　　　　　원어민은 이렇게 사용해요!

Kevin

이 표현은 '운동하다'라는 말이에요. 보통 전 도구를 이용한 운동이나, 헬스클럽에서 운동할 때 사용해요. 예를 들면 근육을 키우거나 요가 클래스를 가거나 말이죠. 보통은 구체적이고 반복되는, 항상 하는 운동을 할 때 사용하죠. 조깅이나 달리기를 할 때는, "I'm going to go for a run."이라고 하지 "I'm going to work out."이라고는 안 해요.

· He worked out at the gym. 걔 헬스클럽에서 운동했어.

· Let's work out at the park later. 나중에 공원에서 운동하자.

· I never work out anymore. 난 더 이상 운동 안 해.

단어 & 표현

look for 찾다　Pilates 필라테스

hang out 놀다
유사표현 spend time with, relax

MP3 & 동영상 확인

Let's hang out this weekend.

이번 주말에 놀자.

보통 편안하게 만나서 시간을 보낸다고 할 때 가장 많이 사용하는 표현이에요. 대부분의 경우는 다른 사람들하고 있을 때 hang out을 쓰지만, 혼자 시간을 보낼 때도 hang out alone, hang out by myself라고 사용할 수 있어요.

Luke   Hey Erin, want to **hang out** on Saturday?

Erin   Sure. Let's invite Jen, too.

Luke   Good idea. It's been a while since I **hung out** with Jen.

Erin   I'll text her right now.

루크   에린, 토요일에 놀래?
에린   그래. 젠도 초대하자.
루크   좋은 생각이네. 젠하고 만나서 논지도 꽤 되었잖아.
에린   지금 문자 보내볼게.

룩룩 쌤의 코멘트

hang out이라고 하면 '놀다', '시간을 즐기며 보내다'라는 동사지만, hangout이라고 하면 명사로서 '노는 장소', '즐기는 장소'라는 의미로 사용이 됩니다.
We hung out at the movie theater.(동사), That pizza place is one of our favorite hangouts.(명사)

· play라는 표현은 보통 어린애들이 놀자고 할 때 사용하거나, 아니면 play soccer, play game, play with toys 식으로 구체적인 뭔가를 할 때 같이 사용하죠.

원어민의 코멘트

그냥 편안하게 친구들하고 아무런 부담 없이 만나서 놀 때 사용하는 표현이에요. 저는 hanging out을 카페에 앉아서 커피 마시고 수다 떨 때, 친구들과 맥주 한 잔 할 때, TV 볼 때, 게임할 때도 사용하죠.

Kevin

· We hung out a couple weeks ago. 우리는 2~3주 전에 같이 놀았다.

· Let's hang out at the park. 공원에서 같이 놀자.

· Do you want to hang out this weekend? 이번 주말에 만나서 놀래?

단어 & 표현

It's been a while ~ ~한지 좀 되었다   text 문자 보내다

1 대화를 통해 배우는 핵심 표현

Chapter 2 에서 학습한 표현을 복습하며 응용해 보세요.

on and off	work out
bar-hopping	hang out
by chance	

💬 Ethan and his friend Mike meet a few days after graduation.

Mike I can't believe we graduated!

Ethan I know. I woke up this morning thinking I had to go to class. Are you looking for a job?

Mike Yeah, **on and off**, but I want to rest a little bit too. What about you?

Ethan I already got a job. Remember that CEO I interviewed a few months ago? He offered me a great job at his company.

Mike Good for you! How did you meet him?

Ethan I met him **by chance** at a club meeting. I don't start working for another month, though.

Mike You will have a lot of free time, then. What are you going to do?

Ethan I'm going to **work out** a lot. I want to get back in shape.

Mike Good idea. By the way, are you coming to Carrie's birthday party tonight?

Ethan Sure! It will be nice for us to **hang out** together again. What does she want to do?

Mike I think we're going to go **bar-hopping** downtown.

Ethan Sounds fun.

Mike Carrie said she wanted to introduce you to one of her friends, too. I think her name is Sarah.

Ethan Sweet. I'll be there.

💬 졸업 며칠 후 에단과 그의 친구 마이크가 만나고 있어요.

마이크   우리가 졸업했다는 게 믿기지 않아!

에단   그러니까. 오늘 아침에 학교 가야지 하고 일어났는데. 너 구직 중이니?

마이크   응, 하다가 말다가 해. 좀 쉬고 싶기도 하고. 넌?

에단   이미 직장을 구했어. 몇 달 전에 인터뷰했던 대표님 기억해? 그분이 좋은 직업을 제안하셨어.

마이크   잘됐다! 어떻게 만난 거야?

에단   동호회 모임에서 우연히 만났어. 근데, 앞으로 한 달 동안은 일 안 해.

마이크   그럼 시간 많겠네. 뭐 하고 지낼 거야?

에단   운동 열심히 하려고. 다시 예전의 멋진 몸매로 돌아가고 싶어.

마이크   좋은 생각이네. 근데, 오늘 밤 캐리 생일 파티에 갈 거야?

에단   당연하지! 다시 만나서 시간을 보내면 너무 좋을 거야. 걔가 뭐 하길 원할까?

마이크   밤새 시내 이곳저곳 다니면서 술 마시려고.

에단   재미있을 거 같은데.

마이크   캐리가 친구들 중 한 명에게 널 소개해 주고 싶다고 하던데. 걔 이름이 사라라고 하는 거 같던데.

에단   좋아. 꼭 갈게.

I can't believe ~ ~라니 믿을 수 없어 What about you? 넌 어때?
CEO(Chief Executive Officer) 대표이사 Good for you. 잘됐다. get in shape 몸을 만들다
by the way 근데, 그나저나 Sweet. 좋았어.(= Nice.)

2 서포터즈들의 Q&A

Q1 Unit 006 Ever since he got that new job, he's been really busy.

ever의 사용이 너무 어려워요.

since는 크게 2가지 의미가 있어요. 첫 번째는 '~ 이래로', 두 번째는 '~ 때문에'인데요. ever가 since 앞에 나와서 ever since라고 하면 '~ 이래로'라는 의미예요. 단, 중요한 것은 ever가 나와서 그 이후로 계속 쭉, 변함없이를 강조하는 거죠. 예를 들어서 '우리는 첫 만남 이후로 계속 좋은 친구로 지내오고 있어요.'라고 하면 "Ever since we met, we have been good friends."라고 하면 되겠죠. 결국 ever since와 since는 의미 차이는 없어요.

Q2 Review What about you?

"What about ~?"과 "How about ~?"의 차이점이 궁금해요.

둘 다 '~하는 게 어때?'라는 식으로 제안할 때 사용할 수 있어요. How about은 뒤에 '주어 + 동사' 형태가 나올 수 있지만, What about은 명사만 올 수 있죠. 그러면 항상 이렇게 둘 다 사용 가능할까요? 그렇진 않아요. 예를 통해서 정리해 드릴게요.

A   How about we go see a movie? 영화 보러 가는 거 어때?
B   I'd love to, but what about the kids? 나도 가고 싶지만 아이들은 어떻게 하고?

이 대화에서 '아이들은 어떻게 하고?' 하면서 영화를 볼 수 없을 거 같다고 말을 할 때는 "What about ~"으로 사용이 됩니다. "How about the kids?"는 어색합니다.

A   I'm so bored. How about watching a movie? 지루하다. 영화 보는 거 어때?
B   What about our exams tomorrow? 내일 시험은 어떻게 하고?

위에서 설명한 것처럼 상대방의 제안에 대해서 '~은 어떻게 하고?'일 땐 "What about ~?"이죠. 정리를 하자면 제안할 때는 "How about ~?", "What about ~?" 모두 사용 가능하지만 상대방이 '~는 어쩌고?'라는 느낌의 대답을 할 때에는 "What about ~?"만 사용된다고 기억해 주세요.

CHAPTER

3

Sports
스포츠

home stretch 최후의 직선 코스, (일 등의) 최종 단계
유사표현 conclusion, ending, finish

MP3 & 동영상 확인

You're on the home stretch!

너 거의 다 끝나간다!

경주에서 home stretch는 거의 마지막 부근을 말하는 거죠. 결승점이 보이면 마지막 젖 먹던 힘을 다해서 질주를 하잖아요. 이렇게 뭔가 끝나는 지점이 눈앞에 보일 때 이 표현을 사용할 수 있어요. 힘들고 오랜 시간이 걸리는 일이 이제 거의 끝이 보일 때 격려를 하면서 이 표현을 많이 사용한답니다.

Jen   I've been working on this report for a whole month.

Luke   How much more do you have to do?

Jen   Thankfully, I'm on the **home stretch**.

Luke   Make sure to save your work.

Jen   Of course. That would be a disaster if I lost everything I worked so hard on.

젠   한 달 내내 이 보고서 작성하고 있어.

루크   얼마나 더 해야 하는데?

젠   다행히도, 거의 다 끝나가.

루크   꼭 작업한 거 저장하는 거 잊지 마.

젠   물론이지. 내가 이렇게 열심히 한 거 다 날아가면 정말 재앙이지.

home stretch는 말 경주에서 나온 건데요. home(결승점, 말에게는 도착하면 쉴 수 있는 곳)이 보이니 마지막 모든 에너지를 쭉 stretch해서 가는 느낌으로 이해하면 쉽게 이 표현이 기억되지 않을까 합니다. 이 표현은 final stretch라고도 사용합니다.

• 이 표현 말고 이미 우리가 알고 있는 쉬운 표현으로 "I'm almost done.", "I'm almost finished."라고 해도 의사전달에 전혀 문제가 없어요.

원어민의 코멘트   원어민은 이렇게 사용해요!

Dylan

이 표현을 보면, 거의 끝이 보인다는 느낌이 들어요. 이것과 비슷한 표현인 see the light at the end of the tunnel이라는 표현이 있어요. 전 크로스컨트리를 했었는데요. 장거리를 잘하진 않지만, 제가 가장 잘 달리는 곳이 바로 home stretch 부분이었는데요. 이 결승점이 눈에 보이는 지점에서는 에너지를 다 해서 home stretch 부분에서 앞에 두세 명을 따라잡곤 했죠.

• I'm on the home stretch of this project. 나 이 프로젝트 막바지에 있어.

• The runners are on the home stretch. 그 주자들은 거의 결승선에 있다.

• We're on the home stretch! 우리 이제 거의 다 끝났어!

단어 & 표현

work on ~ ~에 공[노력]을 들이다   thankfully 다행히도   make sure 꼭 ~해

front-runner 선두주자, 선구자, 가장 유력한 우승 후보
유사표현 leader, first choice, favorite

MP3 & 동영상 확인

He is the front-runner in the competition.

그는 경쟁에서 선두예요.

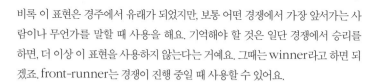

비록 이 표현은 경주에서 유래가 되었지만, 보통 어떤 경쟁에서 가장 앞서가는 사람이나 무언가를 말할 때 사용을 해요. 기억해야 할 것은 일단 경쟁에서 승리를 하면, 더 이상 이 표현을 사용하지 않는다는 거예요. 그때는 winner라고 하면 되겠죠. front-runner는 경쟁이 진행 중일 때 사용할 수 있어요.

Luke   I've narrowed the job down to five people.

Erin   Who do you like the most?

Luke   I think Jamie is the **front-runner**. She has the best skills and personality.

Erin   Good choice.

루크   이 포지션 이제 5명으로 좁혀졌어.
에린   누가 가장 좋은데?
루크   내 생각엔 제이미가 가장 앞서는 거 같아. 걘 최고의 기량과 정말 좋은 성격을 가지고 있어.
에린   탁월한 선택이네.

front-runner는 경쟁에서 1등을 하고 있는 사람이기 때문에 우승할 가능성이 높고, 선거라면 당선될 가능성이 높은 사람을 말하는 거죠. 비슷한 표현 중에 shoo-in(철자주의)이라는 표현이 있는데 이 표현은 누가 봐도 확실한 우승자, 내정자를 말하는 거예요. "He's a shoo-in for the election."이라고 하면 '그는 선거에서 쉽게 승리할 사람이야.'라는 표현이죠. 많이 나오지는 않지만 그래도 누구나 알고 있는 표현이니 같이 기억해 두죠.

• second to none이라는 표현도 같이 기억하면 좋겠네요. 이것을 직역하면 '누구에게도 둘째가 아니다, 결국 누구에게도 뒤지지 않는다, 최고다'라는 의미가 되는 거죠.

원어민의 코멘트　　　　　　　　　원어민은 이렇게 사용해요!

the front-runner는 1등이 될 가능성이 가장 높은 사람을 말해요. 또한 인기있고, 경쟁 프로그램 같은 곳에서 가장 많은 투표를 받는 사람을 말하는 거죠. 오디션 프로그램에서 우승자가 결정되기 전까지 인기투표해서 1등 나오는 사람처럼요.

Dylan

• She's the front-runner in the race. 그녀는 경주의 선두주자이다.

• He is the front-runner in the election. 그는 선거에서 선두를 달리고 있어요.

• I have been the front-runner throughout the contest.
난 시합 내내 선두를 달려왔어요.

단어 & 표현

narrow ... down to ~ …을 ~로 좁히다 personality 성격

013

jump on the bandwagon 우세한 편에 붙다, 시류에 편승하다
유사표현 follow a movement, follow the trend,
get involved in a trend

MP3 & 동영상 확인

He jumped on the bandwagon.

그는 유행을 따랐어요.

주변 사람들이 '요즘 ~가 인기더라'라고 하면, 팔랑귀라서 그것을 하는 경우에 jump on the bandwagon이라는 표현을 사용해요. 요즘 AI(인공지능)와 관련되는 직업이 인기가 많다고 하니까 자신의 적성을 파악하지도 않고 바로 AI 관련 수업을 듣고 하는 것도 jump on the bandwagon하는 거죠.

Luke	I heard the Doosan Bears are doing really well these days.
Erin	Yeah! They've won 10 games in a row!
Luke	I think I'll be a Doosan Bears fan from now on.
Erin	Sounds like you're **jumping on the bandwagon**.
Luke	You're right. Maybe I am.

루크	요즘 두산 베어스가 정말 잘한다고 들었어.
에린	응! 걔들 10게임 연속 승리했어!
루크	이제부터 두산 팬이 될까 해.
에린	너 너무 대세를 따라가는 거 같은데.
루크	맞아. 아마도.

룩룩 쌤의 코멘트

모든 이디엄이 어디서 나왔는지를 알 필요는 없지만, 이 표현은 알고 넘어가죠. 예전에 bandwagon(음악밴드를 이동하는 마차)이 퍼레이드하는데, 그게 너무 멋져서 사람들이 그것에 jump on했다고 해요. 또 그것을 본 다른 사람들이 또 **jump on the bandwagon**한 거죠. 남들이 하니까 자기도 그 시류에 이끌려, 유행에 이끌려 이렇게 하는 게 바로 jump on the bandwagon이에요.

· 보통 이 표현은 부정적인 의미로 더 자주 사용됩니다.

원어민의 코멘트

Dylan

이 표현은 스포츠를 이야기할 때 많이 사용해요. 한동안 별로 성적이 안 좋았던 팀이 갑자기 새로운 팀 멤버를 데리고 오더니 갑자기 계속 승리하기 시작하는 거예요. 사람들이 그때부터 점점 이 팀을 응원하기 시작하는 거죠. 사람들이 jump on the bandwagon한 거죠.

● They jumped on the bandwagon once the team started winning.
그 팀이 이기기 시작하면서 그들은 우세한 편에 붙었다.

● I jumped on the BTS bandwagon.
난 사람들이 BTS를 좋아해서 BTS를 좋아하기 시작했어요.

● He jumped on the bandwagon once everyone was doing it.
그는 다른 사람들이 다 하니 그 유행을 따르기 시작했어요.

단어&표현

in a row 연속으로 from now on 지금부터

drop the ball (책임지고 있는 일을) 실수로 망치다
유사표현 mess up, screw up, make a mistake, slip up

MP3 & 동영상 확인

He really dropped the ball.

그는 정말 큰 실수를 했어.

중요한 상황에서 큰 실수를 할 때 사용할 수 있어요. 야구 경기에서 공(ball)이 쭉 날아오는데 그걸 못 잡으면(drop) 정말 치명적이죠. 보통 부주의해서, 깜빡해서 중요한 것을 망칠 때 바로 이 표현이 적합합니다. make a mistake를 한 거죠.

Luke	Did you hear the new guy already got fired?
Erin	Really? It's only been a week.
Luke	Yeah. I guess he **dropped the ball** again.
Erin	What happened?
Luke	The boss told him to order an important package and he forgot to do it.
Erin	Poor guy.

루크	너 새로 온 사람 벌써 잘렸다는 거 들었니?
에린	정말? 일주일밖에 안 됐잖아.
루크	응. 또 실수했나 봐.
에린	어떻게 된 건데?
루크	상사가 중요한 물건 주문하라고 했는데, 깜빡했대.
에린	불쌍한 친구.

뭔가를 실수했을 때 사용하는 표현은 make a mistake라는 표현을 사용하면 돼요. 또한 그냥 편안한 관계에서 사소한 실수를 했을 때 "My bad."라고 할 수 있어요.

- mess up, screw up이라는 표현도 많이 사용합니다.
- 문을 팍 여는데 그 앞에 있는 사람 얼굴을 문으로 쳐서 코피가... "Oh! I'm sorry. It was an accident.(오! 죄송해요. 사고였어요.)"라고 할 수 있죠. 이렇게 It was an accident.는 의도하지 않은 사고가 났을 때 사용해요.

 원어민의 코멘트　　　　　　　　　원어민은 이렇게 사용해요!

Dylan

이 표현은 누군가를 실망시켰을 때, 실수를 했을 때 사용하는 표현이에요. 보통 누군가가 뭘 하라고 했는데, 어쨌거나 제대로 안 했을 경우에 해당하죠. 예를 들면, 엄마가 집에 오는 길에 파스타 소스 만들 거니까 토마토 사 오라고 했는데, 까먹었어요. 그때 여러분은 dropped the ball한 거죠.

- She dropped the ball at work. 그녀는 직장에서 실수를 했어요.

- Don't drop the ball on this one. 이 건에 대해서 실수하지 마.

- You dropped the ball on that one. 넌 이 건에 대해서 실수했어.

단어 & 표현

get fired 해고당하다　poor 불쌍한

out of left field 생각지도 않은 곳에서, 뜻밖에
유사표현 out of the blue, out of nowhere, unexpected

MP3 & 동영상 확인

His strategy was out of left field.

그의 전략은 정말 뜻밖이었어.

이 표현은 야구 경기에서 1루하고 거리가 가장 먼 구장의 왼쪽에서 공을 던져서 1루에서 타자가 아웃되는 것에서 나온 표현이에요. 보통 이런 경우는 많이 나오지 않거든요. 전혀 예상 못한 상황을 말할 때 사용하거나, 정말 이상한 사람을 말할 때도 이 표현을 사용할 수 있어요.

Luke   Did you meet Bob's friend at the party last night?

Erin   He was weird. He said some things that were completely **out of left field**. He kept asking me where I bought my pants. I think he asked me about six times.

Luke   That is weird. I would stay away from him.

Erin   Yeah, good idea.

루크   어젯밤 파티에서 밥의 친구 만났어?
에린   걔 좀 이상하더라. 정말 완전히 어처구니없는 이야기를 하더라고. 계속 나한테 바지 어디서 샀냐고 물어봤어. 6번이나 물어본 거 같아.
루크   이상하네. 나라면 걔하고 좀 멀리할 거 같다.
에린   그래, 좋은 생각이야.

이 표현과 비슷한 표현은 out of the blue인데요. blue sky(파란색 하늘)에서 갑자기 천둥, 번개가 치는 것을 생각하면 돼요. 맑은 파란 하늘에서 그런 경우는 거의 예상하기 힘들잖아요. 그래서 '갑자기', '난데없이'라는 표현이 된 거죠.

> • out of nowhere라는 표현도 많이 사용되는데요. 운전하고 있는데 갑자기 앞에서 사람이 확 튀어나올 때 "He came out of nowhere.(그가 갑자기 튀어나왔어요.)"이라고 말할 수 있죠. 공포 영화 같은 경우, 갑자기 귀신이 난데없이 튀어나와서 놀라게 하죠. 이때도 "The ghost came out of nowhere.(그 귀신이 갑자기 튀어나왔어요.)"라고 할 수 있어요.

원어민의 코멘트　　　　　　　　　원어민은 이렇게 사용해요!

Dylan

이것은 뭔가가 갑자기, 난데없이 날아온다는 말인데요. 정말 예상 못 했을 때 사용할 수 있죠. 예를 들면, 누군가와 사귀다 깨지는 경우인데요. 난 여자친구와 관계가 좋다고 생각했는데, 갑자기 여자친구가 우리 이야기 좀 하자고 한 후에 갑자기 헤어지자고 하면… "It's completely out of left field."인 거죠.

- That came out of left field.　그것은 전혀 예상 밖이었다.

- His response was out of left field.　그의 반응은 전혀 예상 밖이었다.

- Sometimes things come out of left field.
  가끔은 우리가 전혀 예상치 못하는 상황이 벌어진다.

단어 & 표현

> strategy 전략　weird 이상한　keep -ing 계속 ~하다

1 대화를 통해 배우는 핵심 표현

Chapter 3 에서 학습한 표현을 복습하며 응용해 보세요.

home stretch	**drop the ball**
front-runner	**out of left field**
jump on the bandwagon	

💬 Ethan meets with his friend Kelly after work.

Kelly   Hey Ethan, how's your new job?

Ethan   It's okay.

Kelly   Did something bad happen?

Ethan   I **dropped the ball** on my first day. I accidentally broke the computer. It was really embarrassing.

Kelly   I'm sure you will get used to it. Anyway, I got four tickets to the basketball game this weekend. Want to go?

Ethan   That seems a little **out of left field**. You don't even like sports!

Kelly   My dad gave them to me. He is a huge fan of the team, so I **jumped on the bandwagon**.

Ethan   I don't think I can go.

Kelly   Why not?

Ethan   I'm on the **home stretch** of this big project and I need to make sure I finish it.

Kelly   I understand.

Ethan   I wish I could go. Our team is the **front-runner** to win the championship this year.

Kelly   I'll let you know what happens!

💬 일 끝나고 에단이 그의 친구 켈리를 만나고 있어요.

켈리   에단, 새로운 직장은 어때?

에단   괜찮아.

켈리   뭐, 잘못됐어?

에단   나 첫날부터 큰 실수했어. 실수로 컴퓨터를 고장 냈어. 정말 창피했어.

켈리   곧 익숙해질 거야. 그건 그렇고, 나 이번 주말 야구 경기 표 4장 있는데. 갈래?

에단   어? 의외네. 너 스포츠 좋아하지도 않잖아!

켈리   아빠가 줬어. 아빠가 그 팀 광팬이거든, 그래서 나도 팬 되기로 했지.

에단   못 갈 거 같아.

켈리   왜 못 가?

에단   하는 큰 프로젝트가 거의 막바지라서, 꼭 끝내야 하거든.

켈리   이해해.

에단   같이 갔으면 좋겠는데. 우리 팀이 이번 연도 대회에서 일등 하고 있거든.

켈리   내가 어떻게 되는지 알려줄게!

on my first day 첫날에 accidently 우연히, 실수로 embarrassing 창피한
get used to ~ ~에 익숙해지다 a huge[big] fan of ~ ~의 광팬

2 서포터즈들의 Q&A

Q1 Unit 012 I think Jamie is the front-runner.

second to none은 자주 들어봤어요. 그런데 front-runner, shoo-in은 처음 들어보는 표현입니다. 실제 생활에서도 많이 사용하나요?

종종 사용하는 표현입니다. 특히 front-runner는 경쟁에서 1등을 달리는 사람에게 많이 사용하죠. shoo-in은 빈도로 봤을 때 많이 등장하진 않고, 약간 오래된 표현이긴 하지만 원어민들은 다 알고 있는 표현이죠. shoo-in은 '누구나 다 이길 거라고 생각하는 사람[것]'이라는 의미예요. 표현에 대한 제 생각은 쉬운 단어가 있으면 누구나 이해할 수 있는 쉬운 단어를 쓰라고 합니다. 의사전달이 중요하니까요. 하지만 소통을 잘하려면 청취도 중요한데 그런 부분에서 shoo-in이라는 표현은 충분히 알아두면 좋은 표현이에요. 그리고 참고로 이 책에 나오는 표현들은 100명 이상의 다양한 북미 원어민들과 함께 확인한 자료입니다. Google, YouTube 등 다양한 자료를 분석한 것은 물론이고요. 빈도가 높고 사람들이 실제로 평소에 사용하는 표현을 암기하고 자유롭게 사용하는 게 중요한 것이죠.

Q2 Unit 014 I guess he dropped the ball again.

drop the ball, have a ball, play ball with, on the ball 등 ball이 사용되는 표현들이 많은데요. 미국 혹은 영국의 문화와 관련이 있나요?

서양 사람들은 스포츠를 매우 좋아합니다. 그래서 스포츠와 관련된 표현들이 매우 많아요. 스포츠 경기에서 ball은 빼놓을 수 없죠. ball과 관련된 최빈도 표현을 몇 개 설명해드리죠.

- **on the ball** 뭔가를 빠르게 생각하다, 행동하다
- **get the ball rolling** 일을 시작하다, 계속 진행시키다
- **keep your eye on the ball** 주의를 기울이다

4

Daily life
일상 생활

under the weather 몸이 안 좋은
유사표현 sick, ill, unwell

MP3 & 동영상 확인

I'm feeling under the weather.

몸이 좀 좋지 않아요.

보통 몸이 좋지 않을 때 이 표현을 사용해요. 일어났는데 몸이 찌뿌둥하고 몸살 기운이 있을 때 "I'm under the weather.", "I feel under the weather." 라고 할 수 있어요. "I'm sick.", "I feel sick."이라고 해도 좋아요. "I'm not feeling well."도 몸이 안 좋을 때 많이 사용하죠. 직장인의 경우 일어났는데 아무래도 몸이 좀 많이 안 좋을 때 상사에게 연락해서 "I'm not feeling well today and need to take the day off."정도로 말하면 딱입니다.

Luke   I didn't see Ally in class today.

Erin   She's feeling **under the weather**.

Luke   Everyone is getting sick nowadays.

Erin   It's probably because of the cold weather.

루크   오늘 앨리 교실에서 못 봤는데.
에린   걔 몸이 좀 안 좋아.
루크   요즘 많은 사람들이 아프네.
에린   아마도 날씨가 추워서 그런 거 같아.

룩룩 쌤의 코멘트

이것도 꼭 알아두세요!

몸이 좋지 않을 때 그냥 sick이라고 해도 되지만, 여전히 **under the weather**는 매우 많이 사용하는 표현이에요. 보통 sick이라는 표현은 감기에 걸리거나, 몸살 날 때 많이 사용해요.

- 우리가 보통 '컨디션이 안 좋아', '기분이 좀 그래'라는 말을 하잖아요. 이때 어울리는 표현이 "I'm under the weather."라는 표현이에요. 참고로 in bad condition은 안 되는지 궁금할 텐데요. 이것은 보통 물건의 상태가 별로 좋지 않을 때 "My car is in bad condition."이라는 식으로 사용할 수 있어요.

원어민의 코멘트

원어민은 이렇게 사용해요!

CJ

이 말은 몸이 안 좋을 때 사용하는 말이에요. under the weather를 생각할 때, 전 제 자신이 충분한 에너지가 없는 상황을 생각하게 되거든요. 정말 죽을 정도로 아프고, 막 죽기 직전까지 아플 때를 말하지는 않아요. 약간 피곤하고, 아픈 것을 나타내는 표현이에요.

- I'm feeling a little under the weather. 나 몸이 좀 안 좋아.
- He's feeling under the weather. 그는 약간 몸살 기운이 있어요.
- You look a little bit under the weather. 너 좀 몸이 안 좋아 보인다.

단어 & 표현

nowadays 요즘 probably 아마

small world 좁은 세상

유사표현 what a coincidence, unbelievable

MP3 & 동영상 확인

What a small world!

세상 참 좁네.

제가 예전에 라스베이거스에 일이 있어서 갔던 적이 있었어요. 그때 LA에서 대학 다닐 때 친했던 친구를 정말 오랜만에 만났어요. 정말 예상도 못 했는데 이럴 때 "What a small world!"라는 표현이 딱이죠. 또는 클래스에 들어왔는데 예전에 고등학교 동창이 같은 수업을 듣고 있다면 "What a small world!"라고 할 수 있죠.

Erin	I think I know the waiter from somewhere.
Luke	I've never seen him before.
Erin	Oh my gosh! I just realized I went to high school with him.
Luke	What a **small world**! Are you going to say hi?
Erin	I don't know if he'll remember me.
Luke	I'm sure he will.

에린	저 웨이터 내가 아는 사람 같은데.
루크	난 본 적 없는데.
에린	이런! 나 쟤하고 고등학교 다녔어. 방금 생각났네.
루크	세상 참 좁네! 인사할 거야?
에린	쟤가 나 기억할지 잘 모르겠는데.
루크	기억할 거야.

룩룩 쌤의 코멘트 　　　　　　　　이것도 꼭 알아두세요!

"What a small world!" 라고 깜짝 놀라는 듯한 말투로 할 수 있지만, 그냥 "Small world." 또는 "It's a small world." 라고 간략하게 말해도 좋아요.

- 이렇게 예상하지 않은 깜짝 놀랄 만한 일이 일어났을 때 "What a coincidence!" 아니면 "What are the odds?", "What are the chances?" 라는 표현들도 많이 사용하는 표현이에요.

원어민의 코멘트 　　　　　　　　원어민은 이렇게 사용해요!

CJ
전 이 표현을 아는 사람을 우연히 마주쳤을 때 가장 많이 사용해요. 비록 아는 사람을 길에서 마주칠 가능성은 별로 없지만, 여전히 예상치 않은 만남을 하곤 하죠.

- It's a small world. 세상 참 좁다.

- Wow, what a small world. 와우, 정말 세상 좁은걸.

- Small world! 세상 참 좁군!

단어 & 표현

Oh my gosh! 이런(= Oh my god!)　I don't know if ~ ~인지 아닌지 잘 모르겠어

★★ Unit

018

get around to ~을 할 시간을 내다
유사표현 do something eventually, intended to do something

MP3 & 동영상 확인

I will get around to it eventually.

결국은 짬을 내서 하게 될 거야.

We'll get around to doing something.이라고 하면 결국은 하게 될 거지만, 그것이 최고 우선순위는 아니라는 의미죠. 그리고 뭔가를 하려고 했는데 시간이 없고 다른 일 때문에 바빠서 못했을 때 "I never got around to it."이라고 할 수 있어요.

Mom	Did you wash the dishes like I asked you to?
Luke	Not yet. I was doing homework.
Mom	I asked you to do them this morning.
Luke	Don't worry mom, I'll **get around to** it soon.

엄마	내가 하라는 설거지는 했어?
루크	아직이요. 숙제 중이었어요.
엄마	내가 오늘 아침에 하라고 했잖아.
루크	걱정 마요, 엄마. 곧 짬 내서 할 거예요.

룩룩 쌤의 코멘트　　　　　　　　이것도 꼭 알아두세요!

바쁜 스케줄을 쪼개서 시간을 낼 때 spare나 block out이라는 표현을 사용할 수 있어요. 예를 들어서 "I spared a couple of hours to go over my essay.(에세이를 살펴보려고 2~3시간 시간을 내었다.)", "You should block out at least one hour to work out.(운동할 시간을 최소 1시간은 내야 해.)"처럼요.

· 이 표현은 보통은 정말 다른 일 때문에 바빠서 결국 이제서야 그럴 시간이 있어요.(I finally got around to it.)라는 식으로 사용이 되지만, 상대방이 바쁘지 않은데 게을러서 계속 미루는 상황에서는 "You finally got around to it, huh?" 식으로 비꼬면서도 사용하죠.

원어민의 코멘트　　　　　　　　원어민은 이렇게 사용해요!

CJ

누가 "I'll get around to it."을 사용했을 때, 이게 해야 하는 것이긴 하지만 그것을 할지 안 할지 말하지 않는다면 보통은 그 일이 그렇게 중요하다는 느낌이 들지는 않아요. 누가 제게 이 말을 했다면, 정확히 언제 할지 구체적으로 말하지 않았으니 100% 믿지 못할 거 같아요.

● I never got around to it.　나 그것을 할 시간이 전혀 없었어.

● I'll get around to it sooner or later.　곧 시간 내서 그것을 할 거야.

● It was a year before he finally got around to doing it.
그것을 결국 하기 전까지 1년이라는 시간이 걸렸다.

> **단어 & 표현**
>
> eventually 결국　wash the dishes 설거지하다

No wonder he isn't hungry. He's been eating candy all day.

걔가 배 안 고픈 건 당연해. 하루 종일 캔디만 먹었거든.

내가 이미 알고 있었던 정보가 있는데, 누가 말하는 것을 들었을 때, '그래 놀
라운 것도 아니지', '당연하지', '그러면 그렇지' 정도의 의미로 말하는 표현이에
요. 내가 가지고 있는 정보, 그리고 거기에 추가되는 정보를 결합해 보니 "No
wonder!(그럼 그렇지!, 어쩐지!)"가 되는 것이죠.

Luke	I feel terrible right now.
Erin	**No wonder** you're in so much pain. You drank too much last night!
Luke	Yeah, I did. I think I got a little too excited celebrating Mary's birthday.
Erin	It's okay. Everyone had a lot of fun.
Luke	I guess this is the price we pay for having fun.

루크	나 지금 몸이 최악이야.
에린	고통스러운 것도 당연해. 너 어젯밤에 술 너무 많이 마셨어!
루크	응, 맞아. 메리 생일 축하하면서 좀 흥분했던 거 같아.
에린	괜찮아. 다 즐거운 시간을 보냈잖아.
루크	즐겁게 보낸 대가 같아.

룩룩 쌤의 코멘트   이것도 꼭 알아두세요!

No wonder!는 상대방의 말에 맞장구치면서 '그럼 그렇지!'라고 단독으로도 사용이 되죠.

- 앞에 It's를 붙여서 "It's no wonder!"라고 하고 나서 뒤에 당연하다고 생각하는 것을 집어넣어도 됩니다. 그리고 (It's) no wonder는 문장 앞에서 사용이 됩니다. 정말 영어를 원어민처럼 잘하는 친구가 있어요. 항상 궁금했어요. 왜 이리 잘할까? 근데 알고 보니까 아빠가 한국계 미국인이라서 아빠랑 영어로 대화를 했더라고요. No wonder he speaks English so well.

원어민의 코멘트   원어민은 이렇게 사용해요!

CJ

뭔가를 제대로 생각 못 했을 때 주로 이 표현을 사용하는데요. 다시 말해서, 내가 이미 알았어야 하는 정보를 들었을 때 "No wonder!(아! 맞아, 그럼 그렇지!)"라고 해요. 또한 머릿속에는 있는데 바로 생각이 나지 않는데 그때 누군가가 그것을 상기시켜주는 말이나 행동을 하면, 그때도 "No wonder!"라고 해요.

- No wonder he's not feeling well. 걔가 몸이 좋지 않은 것도 당연해.

- No wonder he's confused. 걔가 혼동하는 것도 당연하지.

- No wonder! 그럼 그렇지!

단어 & 표현

in pain 아픈 have a lot of fun 정말 즐거운 시간을 보내다 price 대가

lose track of time 시간 가는 것을 잊다
유사표현 forget, to be absent-minded, don't understand

MP3 & 동영상 확인

Oops!
I lost track of time.

이런! 시간 가는 줄 몰랐네.

lose track of에서 track은 달리기 경주할 때 선수들이 달리는 트랙이죠. 그런데 그 트랙을 벗어났다는 것은 뭔가 딴 생각을 하고 있었기 때문이 아닐까요? 우왕좌왕하고 길을 잃은 느낌도 들고요. 그래서 lose track of time이라고 하면 시간 가는 줄도 모르고 있다는 말이고, lose track of what's going on이라고 하면 무슨 일(what's going on)이 벌어지는지 모르겠다는 표현이죠.

Jen	How was your class?
Luke	I completely missed it.
Jen	Are you serious? What happened?
Luke	I fell asleep and **lost track of time**.

젠	수업 어땠어?
루크	완전 까먹고 안 갔어.
젠	정말? 어떻게 된 거야?
루크	잠들었는데, 시간 가는 줄도 몰랐어.

룩룩 쌤의 코멘트　　　　　　　　　　이것도 꼭 알아두세요!

lose track of의 반대말은 keep track of입니다. track을 벗어나지 않고 제대로 유지하는 것을 생각하면 이해가 되겠죠. 특히 시간, 수치, 정보를 계속 꾸준히 기록하고 파악하는 것을 말할 때 사용하죠. I try to keep track of my expenses.(난 지출을 파악하려고 하고 있어.)

・ 비슷한 느낌의 표현은 get caught up이라는 표현인데요. caught up은 무언가에 잡혀 있는, 너무 집중하거나, 열중, 푹 빠져 있어서 움직이지 못하는 느낌이죠. 직장에서 일하느라 정말 바빴다면 "I got caught up at work."라고 할 수 있는데, 이런 상황에서 lose track of time이 쉽게 발생하죠.

원어민의 코멘트　　　　　　　　　원어민은 이렇게 사용해요!

CJ

이 표현은 뭔가를 하기로 되어 있는데, 그것을 깜빡했을 때 사용해요. 예를 들면, 친구들하고 놀다가 집에 9시까지 가야 하는 것을 깜빡한 거예요. 결국 친구들하고 너무 즐겁게 놀다가 lose track of time한 거죠.

● She lost track of time. 그녀는 시간 가는 줄도 몰랐다.

● I was counting, but I lost track when he yelled.
나는 숫자를 세었지만, 그가 소리를 질렀을 때 깜먹었다.

● I lost track of the family over the years. 오랫동안 가족들과 연락이 두절되었다.

단어 & 표현

completely 완전히　miss 놓치다　fall asleep 잠들다

1 대화를 통해 배우는 핵심 표현

Chapter 4 에서 학습한 표현을 복습하며 응용해 보세요.

under the weather **small world** **get around to**	**no wonder** **lose track of time**

💬 Ethan meets his parents on the weekend for lunch.
(Paul – dad. Janet – mom. Ethan – son)

Paul   Hey son, how are you? You look a bit tired.

Ethan   I've been really stressed out from work.

Janet   Make sure you get a lot of rest. Anyways, why didn't you bring your girlfriend?

Ethan   Oh, Sarah? She wanted to come, but she's feeling **under the weather**.

Janet   That's a shame.

Paul   Have you gotten your stove fixed yet?

Ethan   I haven't **gotten around to** it yet.

Janet   **No wonder** you look so skinny. You haven't been eating well.

Ethan   I've been so busy at work that I keep **losing track of time**.

Janet   I see. By the way, we ran into our old travel agent, Greg, at the store.

Ethan   What a **small world**! I called him last week.

Janet	Are you thinking about going on vacation?
Ethan	Yes. Sarah and I are thinking about going to France. I need a break from work.
Paul	Good idea.

💬 에단은 주말에 점심식사를 하려고 부모님을 만나고 있어요. (폴-아빠, 자넷-엄마, 에단-아들)

폴	아들, 어떻게 지내? 좀 피곤해 보인다.
에단	직장에서 스트레스 많이 받아요.
자넷	꼭 푹 쉬어야 해. 근데, 왜 여자친구 안 데리고 왔어?
에단	아, 사라요? 오고 싶다고 했는데, 몸이 좀 안 좋아서요.
자넷	이런, 안됐네.
폴	너 가스레인지 고쳤어?
에단	아직 그럴 시간이 없었어요.
자넷	그럼 그렇지, 그렇게 마른 것도 이유가 있었네. 잘 먹지 않은 거지.
에단	직장에서 매우 바빠서 시간 가는 줄도 몰라요.
자넷	아 그렇구나. 아참, 가게에서 예전에 여행사 직원 그레그를 만났지 뭐야.
에단	세상 참 좁네요! 지난주에 그레그한테 전화했었는데.
자넷	휴가 생각하고 있는 거야?
에단	네. 사라하고 프랑스 가려고 생각 중이에요. 좀 휴식이 필요해요.
폴	잘 생각했어.

stressed out 스트레스받다 That's a shame. 아쉽네., 안타깝네.(= That's too bad.) stove 가스레인지
skinny 마른(약간 부정적 의미, slim 날씬한) at work 직장에서 run into 우연히 만나다
travel agent 여행사 직원 go on vacation 휴가 가다

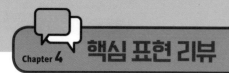

2 서포터즈들의 Q&A

Q1 Unit 016 She's feeling under the weather.

아플 때 사용하는 표현은 have a cold, under the weather, ill, sick 등 많은데 실제 많이 사용하는 표현 좀 정리해 주세요.

일단 거의 만능으로 사용하는 가장 간단한 표현은 바로 "I'm sick."입니다. 감기, 몸살이 있을 때에는 "I caught a cold.", "I got a cold.", "I have a cold.", "I came down with a cold."라고 해요. 몸이 좀 안 좋을 때는 "I think I caught a cold.", "I think I came down with a cold." 이런 식으로 부드럽게 표현할 수 있어요. 당연히 "I'm a little under the weather."라고 할 수도 있죠. 두통이 있을 때는 "I have a headache.", "I've got a headache."라고 할 수 있고, 열이 날 때는 "I've got a fever." 배가 아플 때는 "I've got a stomachache."라고 하죠.

Q2 Unit 019 He's been eating candy all day.

현재완료 진행형이 종종 나오더라고요. 현재완료와 현재완료 진행형과의 의미 차이가 큰가요?

현재완료(have p.p.), 현재완료 진행(have been -ing) 모두 과거와 현재가 연결되어 있다는 것은 같습니다. 하지만 현재완료 진행은 주로 그 과거의 동작이 지속적으로 이어질 때 사용되죠. "I have lived here for three years."라고 하면 3년 동안 여기에 살아오고 있는 거죠. 지금 현재도 살고 있지만 이 경우에는 live(살다)가 동작이 아닌 상태이기 때문에 진행형으로 쓰진 않아요. "I have been playing tennis for an hour."라고 하면 테니스를 한 시간째 치고 있다는 것을 말하고, 현재도 치고 있는 동작이기 때문에 현재완료 진행을 쓴 거죠. "I've read five books this summer."라고 하면 이번 여름에 5권의 책을 읽었다는 말이죠. "I've been reading this book for two hours."은 이 책을 2시간째 읽고 있다는 의미인데 이것은 중간에 끊김이 없이 쭉 읽고 있다는 느낌을 주니, 현재완료 진행으로 사용하는 게 좋아요. 결론을 내리자면 현재완료는 결과(result), 상태(state), 횟수(How many) 중심인 반면에 현재완료 진행은 행동(activity), 진행(action), 얼마나(How long) 중심이라는 것을 기억하세요.

false alarm 거짓 경보, 거짓 알림, 거짓 신고
유사표현 hoax, scare, misinformation

MP3 & 동영상 확인

It was just a false alarm.

그것은 단지 사실이 아니었어(거짓 경보였어).

화재 경보(fire alarm)가 울렸어요. 그래서 대피를 했는데, 보니까 화재가 난 게 아니었어요. 이 alarm은 사실이 아닌 거짓(false) 경보(alarm)였던 거죠. 뭔가 안 좋을 것이 일어날 거라는 말을 들었는데 막상 일어나지 않았을 때 false alarm이라고 해요.

Luke	Did you hear about the disease going around?
Erin	Yeah, it sounds really scary.
Luke	Actually, I heard it's just a **false alarm**.
Erin	Even if it isn't true, we should still be careful.
Luke	You're right.

루크	병이 돈다는 것 들었어?
에린	응. 정말 무섭게 들린다.
루크	보니까, 그게 단지 거짓 정보였대.
에린	사실이 아니라고 하더라도, 여전히 조심해야 해.
루크	네 말이 맞아.

alarm과 관련된 표현을 살펴보면, 우리는 잠자기 전에 아침에 일어나려고 알람을 맞추고 잠에 들죠. 그때 set an alarm이라는 표현을 사용해요. "I set an alarm for 6 A.M." 처럼요. 또, 앞으로 위험이 있을지도 모르는 상황에서 raise the alarm을 하면 경고를 하는 거죠. "He raised the alarm about the virus.(그는 그 바이러스에 대해서 경고를 했어요.)" 처럼요.

> • 우리는 뭔가 안 좋은 일이 일어나기 전에 대비를 해야 하죠. 특히 본문의 대화처럼 바이러스가 돌 때는 더욱 그래야 하죠. 이럴 때 precaution(예방)을 하는 게 매우 중요하죠. 이렇게 '미리 예방하다'라는 표현은 take the precautions이라고 해요. We should take the safety precautions to fight against the virus.(우리는 바이러스와 싸울 수 있는 안전 예방책들을 따라야 해요.)

Kevin

이 표현은 뭔가가 발생한다고 생각하고 준비를 했는데, 보니까 그 걱정했던 것이 발생하지 않았을 때 사용해요. 야외 결혼식을 생각해봐요. 시간이 거의 다 되었는데 비가 온다고 해서 막 치우고 했는데 비가 안 오는 거예요. 이런! 이런 게 바로 false alarm(비가 온다고 했던 것이 false alarm)이죠.

- Thank God, it was just a false alarm. 아 다행이다. 그것은 거짓 경보였어.
- The news report was a false alarm. 새로운 보도는 거짓 경보였다.
- The false alarm caused a panic. 그 거짓 경보는 공포를 가지고 왔다.

단어 & 표현

go around 돌아다니다; 유행이다 scary 무서운

pitch in 일에 본격 착수하다, 협력하다, 기여하다

유사표현 chip in, help out, assist, lend a hand, join in, participate

Let's all pitch in and clean up.

우리 모두 힘을 합쳐서 치우자.

뭔가 같이 하면 도움이 될 일들이 있을 때 '함께 힘을 합쳐서 그것을 돕자'라고 말하고 싶다면 pitch in을 사용할 수 있어요. 보통은 노동을 제공할 때 사용을 하는데요. 사회에 도움이 되기 위해서 기부를 하는 경우에도 pitch in을 사용할 수 있어요.

Luke　　Did you hear that Jen is in the hospital?

Erin　　What happened?

Luke　　She fell down the stairs and broke her leg.

Erin　　Is she okay?

Luke　　I don't know. I think we should **pitch in** some money to help with her medical expenses.

Erin　　That's a great idea.

루크　　젠이 병원에 있다는 거 들었어?
에린　　어떻게 된 거야?
루크　　계단에서 넘어져서 다리가 부러졌대.
에린　　괜찮은 거야?
루크　　잘 모르겠어. 걔 치료비를 우리 돈 좀 모아서 도와주면 좋을 거 같아.
에린　　정말 좋은 생각이야.

룩룩 쌤의 코멘트 이것도 꼭 알아두세요!

pitch in과 비슷하지만, 돈에만 한정해서 쓰는 표현이 있어요. chip in이라는 표현이에요. 쉐어 하우스에서 인터넷이 너무 느려서 그것을 업그레이드하려고 룸메이트들한테 "Let's chip in to get high-speed Internet."이라고 말을 할 수 있겠죠.

> • 뭔가를 기부한다고 할 때 contribute, donate도 많이 사용해요. I contributed(donated) $100 to a local community.(난 100달러를 지역사회에 기부했어요.)

원어민의 코멘트 원어민은 이렇게 사용해요!

Kevin

누군가가 뭔가를 하고 있는데 그것을 도와줄 때 사용해요. 큰 노력이 필요하지 않고, 작은 도움을 줄 때 사용할 수 있어요. 예를 들어, 사람들이 박스와 의자들을 옮기고 있을 때 이것을 도와줄 때 pitch in하는 거죠. 반대로 도움을 부탁할 때는 "Can you give me a hand with these chairs?"라고 말하면서 부탁할 수 있어요. give me a hand는 '도와주다'라는 의미예요.

● Want to pitch in and buy it? 다 함께 돈 모아서 그거 살까?

● If we all pitch in, we can finish the work quickly.
우리 모두 힘을 합치면, 그 일을 빨리 끝낼 수 있어.

● I'll pitch in and help out. 내가 도와줄게요.

fall down the stairs 계단에서 넘어지다   medical expenses 의료비, 병원비

add fuel to the fire 불난 집에 부채질하다, 문제를 더욱 악화시키다

유사표현 aggravate, provoke, exacerbate, put salt in the wound, twist the knife

MP3 & 동영상 확인

Don't add fuel to the fire!

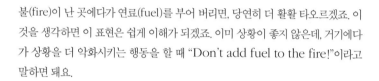

불난 집에 부채질하지 마!

불(fire)이 난 곳에다가 연료(fuel)를 부어 버리면, 당연히 더 활활 타오르겠죠. 이것을 생각하면 이 표현은 쉽게 이해가 되겠죠. 이미 상황이 좋지 않은데, 거기에다가 상황을 더 악화시키는 행동을 할 때 "Don't add fuel to the fire!"이라고 말하면 돼요.

Luke	Sam is really mad at me right now.
Erin	Why?
Luke	All I did was tell him that he needed to lose some weight if he wanted to be healthy.
Erin	Uh... I can see why he might get angry about that.
Luke	Why?
Erin	You're just **adding fuel to the fire**. He's really sensitive about his weight.
Luke	I was just trying to help!

루크	샘이 지금 나한테 정말 화나 있어.
에린	왜?
루크	내가 말한 거라고는 건강하고 싶으면 살 좀 빼라고 한 것뿐인데.
에린	아... 왜 걔가 화내는지 알겠다.
루크	왜?
에린	너 불난 집에 부채질하는 거야. 걔 몸무게에 대해서 얼마나 민감한데.
루크	난 단지 도와주려고 한 건데!

룩룩 쌤의 코멘트　　　　　　　　　　　　이것도 꼭 알아두세요!

이 표현과 비슷한 표현 중에 add insult to injury라는 표현이 있어요. 부상(injury)을 당한 사람에게 insult(모욕)까지 더하는 것은 정말 불난 데 부채질, 엎친 데 덮친 격, 설상가상 정도의 의미와 비슷한 표현이죠. 예를 들어, 인터뷰에 불합격해서 정말 우울한데, adding insult to injury(엎친 데 덮친 격으로), 여자친구까지 이별 통보를 하는 상황이 있습니다.

· 이 표현 대신에 간단하게 make matters worse라는 표현을 사용해도 좋아요.

원어민의 코멘트　　　　　　　　　　　　원어민은 이렇게 사용해요!

Kevin

어떤 문제가 있는데, 거기에다가 누가 그 상황을 더 안 좋게 만들 때 이 표현을 사용할 수 있어요. 예를 들자면, 다른 친구들이 뭔가에 대해 다투고 있는데, 그것에 대해 그들을 더 화를 돋우는 행동을 한다면 당신은 adding fuel to the fire 하는 거죠.

· He's just adding fuel to the fire. 그는 단지 상황을 더 악화시키고 있어.

· You will only add fuel to the fire if you say that.
그렇게 말한다면 넌 더 상황을 악화시키는 거야.

· I was afraid I would add fuel to the fire. 혹시나 상황을 악화시킬까 봐 걱정되었어.

단어 & 표현

mad at ~ ~에 화난　lose some weight 몸무게를 빼다　sensitive 민감한

lost cause 실패한 것, 가망 없는 것
유사표현 waste of time, fool's errand, wasted effort

MP3 & 동영상 확인

Don't even try.
It's a lost cause.

하려고 하지도 마. 보나 마나 시간 낭비야.

어떤 문제에 대해서 많은 시간과 노력을 투자해서 고치려고 했지만 아무런 효과가 없을 때 이 표현을 사용할 수 있어요. 여러 상황에서 사용할 수 있는데요. 친구한테 스페인어 가르치려고 했는데 아무런 발전이 없을 때(I tried to help him learn Spanish, but he's a lost cause.) 또는 뭔가 잘못된 파일을 고치려고 했는데 아무런 효과가 없을 때(I spent hours trying to fix the file, but it's a lost cause.) 사용할 수 있어요.

Jen   My boyfriend never cleans the house.

Mark   I have been trying to get my wife to clean the house for years, but she still won't do it.

Jen   I think I've tried everything.

Mark   I gave up trying. It's a **lost cause**.

젠   내 남자친구는 집을 청소하는 적이 없어.
마크   내가 수년 동안이나 와이프한테 집 청소하라고 그렇게 했는데, 아직도 안 해.
젠   할 건 다 해 본 거 같은데.
마크   난 이제 포기했어. 시간 낭비야.

룩룩 쌤의 코멘트　　　　　　　　

lost는 lose(잃다, 상실하다, 실패하다)라는 동사의 과거분사예요. cause는 '이유', '원인', '대의'를 말하죠. 결국 **lost cause**는 '잃어버린 목적', '실패한 대의'라는 말이죠. 결국 실패한 목표나 주장, 가망성 없는 운동을 바로 lose cause라고 해요. 예를 들어, 한국 경제가 안 좋아서 국민들이 금을 팔아서 경제를 살리려고 했지만 물거품으로 돌아갔어요. lost cause가 된 거죠.

- 이 표현을 풀어서 가장 쉽게 한다면 "I tried it but it didn't work in the end.(노력을 했지만, 결국 소용이 없었어.)"라고도 할 수 있겠죠.

원어민의 코멘트　　　　　　　　원어민은 이렇게 사용해요!

Kevin

이 표현은 한동안 목표를 달성하기 위해서 열심히 시간과 노력을 쏟았는데 아무런 결과가 없을 때 사용할 수 있어요. 아무리 해도 그것을 달성할 수 있는 방법이 없으니까요. 그 외 자주 사용하는 표현인 a waste of time(시간 낭비), a waste of money(돈 낭비), a waste of effort(노력 낭비)도 알아 두세요.

- It's just a lost cause. 해 봤자 소용없어.

- You're working on a lost cause. 가망도 없는 것에 시간을 낭비하는 거야.

- The protest turned out to be a lost cause. 그 시위는 결국 헛된 시간 낭비가 되었다.

단어 & 표현

won't 축약형(will not)　give up 포기하다

025

get out of hand 과도해지다, 감당할 수 없게 되다

유사표현 out of control, unmanageable, uncontrollable

MP3 & 동영상 확인

Things got out of hand at the protest.

그 시위는 정말 감당이 안 될 정도가 되었어.

이 표현은 처음에는 어느 정도 컨트롤 가능할 거라고 생각했는데 시간이 지나면서 상황이 악화되어서 감당하기 힘든 상황이 되었을 때 사용해요. 예를 들어 코로나 바이러스를 처음에는 '이 정도는 컨트롤할 수 있을 거야'라고 생각했는데 시간이 지나면서 정말 감당할 수 없는 상황이 되었으니 out of hand된 거죠.

Luke	How was your first day teaching kindergarten?
Erin	At first, it was really good, but things **got out of hand** towards the end of class.
Luke	What happened?
Erin	We played a game and two boys got into a fight and started screaming at each other.
Luke	It sounds tiring to teach kids.

루크	유치원에서 아이들 가르치는 첫 날 어땠어?
에린	맨 처음에는 정말 좋았어. 근데 수업이 끝날 때 즈음엔 감당이 안 되더라고.
루크	어떻게 된 건데?
에린	게임을 했는데 남자애들 둘이 싸우고 막 서로 소리 지르고 하더라고.
루크	아이들 가르치는 거 정말 피곤한 일인 거 같네.

룰룰 쌤의 코멘트

hand라는 단어가 들어간 표현들을 보면 뭔가를 컨트롤하고 책임을 지는 느낌이 많이 들어요. out of hand도 hand를 컨트롤이라고 생각하면 컨트롤을 벗어나 감당할 수 없는 상황이 되는 것이고, "My hands are tied."라고 하면 자신이 손이 묶여서(너무 바빠서) 뭔가를 할 수 있는 상황이 아닐 때 사용하죠.

· in good hands라는 표현도 종종 사용하는데 여기서 hands는 뭔가를 잘 다루는 사람의 손을 생각하면 됩니다. 예를 들어 차가 고장 나서 자동차 수리공에게 맡겼는데 그 사람이 정말 차 수리를 잘한다면 "Your car is in good hands."라고 할 수 있겠죠.

원어민의 코멘트

Kevin

이 표현은 더 이상 감당이 안 되는 상황에 사용합니다. 뭔가가 in hand라고 하면 컨트롤할 수 있는 상황이죠. 그런데 그것이 out of hand가 되었다는 것은 그것을 벗어난 거죠. 더 이상 컨트롤할 수 있는 상황이 아니라는 말이죠.

● Don't let things get out of hand. 일이 걷잡을 수 없게 되게 해서는 안 돼.

● It got out of hand quickly. 상황이 빠르게 통제 불능 상황이 되었다.

● It was calm at first, but then it got out of hand.
처음에는 조용했지만, 그러고 나서 컨트롤할 수 없는 상황이 되었어.

단어 & 표현

protest 시위 at first 처음에는 towards the end of ~ ~가 끝날 무렵에
get into a fight 싸우기 시작하다

 대화를 통해 배우는 핵심 표현

Chapter 5 에서 학습한 표현을 복습하며 응용해 보세요.

false alarm pitch in add fuel to the fire	lost cause get out of hand

Sarah   I can't wait for our trip to France!

Ethan   Did you hear the news?

Sarah   What news?

Ethan   There is a protest happening in Paris. Hopefully it doesn't **get out of hand** while we're there.

Sarah   That's not good.

Ethan   Apparently, the president of France is saying some pretty bad things that are **adding fuel to the fire**.

Sarah   I'm sure it will be fine.

Ethan   I think so, too. My friend said it is probably just a **false alarm**.

Sarah   We should start packing! If we both **pitch in**, we can finish quickly.

Ethan   Let's get started. Have you been practicing your French?

Sarah   I tried, but I think it's a **lost cause**. I'm horrible at learning languages.

Ethan   It's okay. I know enough to get by.

사라	프랑스 여행 빨리 갔으면 좋겠어!
에단	너 소식 들었어?
사라	무슨 소식?
에단	파리에서 시위 중이래. 우리가 거기 갔을 때 상황이 감당할 수 없는 상황이 안 되길 바라는데.
사라	좋은 상황은 아니네.
에단	보니까, 프랑스 대통령이 상황을 더 안 좋게 만드는 그런 말을 하더라고.
사라	괜찮을 거라고 확신해.
에단	나도 그렇게 생각해. 내 친구가 아마도 근거 없는 경고일 거라고 하더라고.
사라	우리 짐 싸는 게 좋겠다! 우리 같이 도와서 하면, 더 빨리 끝낼 수 있어.
에단	시작하자. 프랑스어 연습은 좀 했어?
사라	노력은 했는데, 시간 낭비인 거 같아. 나 언어 습득에 감각이 아예 없어.
에단	괜찮아. 내가 살아남을 정도는 아니까.

can't wait for ~ ~을 몹시 기대하다 protest 시위 apparently 보아하니, 듣자 하니
pack 짐을 싸다 Let's get started. 시작하자. I'm horrible at ~ ~을 정말 못하다 get by 그럭저럭하다

2 서포터즈들의 Q&A

Q1 Unit 021 I heard it's just a false alarm.

false alarm 대신에 fake alarm을 사용하면 안 되나요?

그렇게는 사용하지 않습니다. false alarm이라는 것은 정해진 표현이에요. fake는 '가짜'라는 말로, fake news(가짜 뉴스), fake e-mail(가짜 이메일), fake gun(가짜 총), 그리고 사람한테도 "He's a fake.(걔 가짜야.)"처럼 사용할 수 있어요. false는 보통 true or false(사실일까, 거짓일까?) 식으로 사용되죠. 그리고 '사람들이 ~라고 주장하는데 진실일까요?'라는 물음에 '아니에요.'라고 할 때 "That's false."라고 합니다.

Q2 Unit 023 Sam is really mad at me right now.

mad가 '~에게 화나다'라는 말인데 angry, 그 외 '화나다'라는 표현들의 어감을 설명해주세요.

angry는 정말 화난 것을 생각하시면 돼요. 예를 들어 식사를 하고 계산을 하는데 주인 아줌마가 한 손으로 카드를 받으면서 반말을 하는 거예요. 이때는 angry한 거죠. 이때 mad라는 표현도 캐주얼하게 많이 사용해요. annoyed, pissed off, ticked off라는 표현도 많이 사용해요. 약간 화났을 때는 a little bit을 앞에 집어넣어서 말하면 됩니다. 하지만 upset이라는 표현은 화난다는 느낌보다는 '기분이 나쁜', '속상한' 정도의 의미로 생각하시면 됩니다. 그래서 삐졌다고 할 때 a little bit upset이라고 해도 느낌이 전달되는 것이죠.

Q3 Unit 024 I have been trying to get my wife to clean the house for years, but she still won't do it.

사역동사하면 make, have, get, let이 생각나는데 느낌 차이를 알고 싶어요.

make는 강하게 누구에게 시켜서 '~을 하게 한다'는 의미죠. have와 get은 약간의 차이가 있습니다. "I got my mom to make me lunch."와 "I had my mom make me lunch."를 볼까요? 둘 다 점심 만들어 달라고 하는 거죠. 그런데 느낌이 차이가 있어요. got을 사용하면 '점심 좀 만들어주세요.' 정도의 느낌이라면 had는 엄마니까 나한테 점심해주는 것은 당연하다는 느낌으로 '점심 싸줘' 정도의 느낌이라고 할까요? 그래서 보통 have는 내가 돈을 내고 어떤 서비스를 받을 때 자주 사용해요.

on thin ice 살얼음을 밟고, 위험한 상태로
유사 표현 risky, shaky, dangerous

MP3 & 동영상 확인

He's on thin ice.

걔 위태위태해.

이 표현을 보면 얇은 얼음 위, 언제 깨질지 모르는 살얼음판을 걷고 있는 모습이 생각이 나죠. 일촉즉발의 위기 상황을 생각해보세요. 현재는 당장 큰 문제가 생기지 않았지만, 바로 그 직전의 상황을 묘사할 때 사용해요. 예를 들면, 여러분이 직장에서 큰 실수를 했어요. 상사가 많이 화난 상황이고요. 그러면 여러분은 on thin ice하고 있는 거예요. 정말 무서운 일인 해고되는(fired) 일이 있을 수도 있으니까요.

Luke	Hey Jen, want to grab a drink tonight?
Jen	I can't tonight. I'm **on thin ice** with my husband.
Luke	What did you do?
Jen	He found out that I lied about going out for drinks last week. He hasn't talked to me since then.
Luke	You should've told him the truth.

루크	야, 젠. 오늘 밤에 술 한잔할래?
젠	오늘은 안 돼. 남편하고 위태위태해.
루크	뭐 했는데?
젠	지난주에 술 먹은 거 거짓말한 거 들켰어. 남편이 그때부터 이야기를 안 해.
루크	솔직하게 말을 했어야지.

룩룩 쌤의 코멘트

being on thin ice는 그냥 일반적인 위험 상황하고는 좀 달라요. 이 표현은 보통 이전부터 계속 알고 있는 비슷한 반복적인 위험한 행위가 계속되어서 결국 정말 안 좋은 상황에 직면했을 때 사용하죠.

· ice와 관련된 표현 중에서 또 많이 나오는 표현들 2개만 언급한다면, break the ice라고 해서 서로 모르는 사람들 사이에 갔을 때 분위기가 좀 싸하잖아요(ice), 그때 break the ice를 할 필요가 있어요. '서먹한 분위기를 깨다'라는 표현이죠. 그리고 the tip of the iceberg라는 표현도 많이 사용하는데요. iceberg(빙산)를 보면 맨 위에 조금만 튀어나와 있지만, 결국 그 아래 무지 거대한 얼음덩어리가 있잖아요. 그래서 the tip of the iceberg는 '빙산의 일각'이라는 표현이에요.

원어민의 코멘트

거의 해고되기 직전에 있다는 말이에요. 전 부정적으로 이 표현을 사용해요. 예를 들면, 항상 맨날 늦는 동료는 on thin ice하는 사람이죠.

Kelly

· You're on thin ice! 넌 정말 위태위태하다!

· I feel like I am walking on thin ice at work. 직장에서 살얼음판 위에 있는 기분이야.

· I'm on thin ice with my girlfriend since I've spent so little time with her lately. 최근에 거의 여자친구랑 함께 시간을 보내지 못해서 좀 위태위태해.

grab a drink 술 한 잔하다 go out for drinks 술 마시러 가다 since then 그 이후로
should've p.p. ~ ~했어야 했는데

call it a day 그만하기로 하다
유사표현 to finish, stop working, conclude

MP3 & 동영상 확인

Let's call it a day!

오늘은 이만하죠(이제 집에 가죠)!

이 표현은 특정한 일을 끝내기를 원할 때 사용하죠. 열심히 일하고 나서 마지막에 사용하는데, 가끔은 아무런 일도 하지 않고 빈정대면서 사용하기도 해요. 결국, 더 이상 일을 안 하고 싶다는 것을 전달하는 거예요.

Erin	How much longer do we have to clean the yard?
Luke	Let's work for 30 more minutes and then we can **call it a day**.
Erin	Okay.
Luke	If you work hard, I'll go buy us ice cream after we finish!
Erin	Okay, I'll clean all of the leaves as fast as I can.

에린	얼마나 정원을 더 청소해야 하는 거야?
루크	30분만 더 하고, 그만하자.
에린	좋아.
루크	열심히 하면, 끝나고 나서 내가 아이스크림 살게!
에린	좋아, 내가 최대한 빠르게 잎들을 청소할게.

룩룩 쌤의 코멘트   이것도 꼭 알아두세요!

call it a day는 직장에서도 종종 사용할 수 있는 표현이죠. 팀원들한테 '이제 집에 가자!'라고 할 때 "Let's call it a day!"라고 할 수 있어요. 물론 "We're done for the day. Let's go home."이라고 할 수도 있겠죠. 참고로 '퇴근하다'라는 표현은 get off work를 사용하시면 돼요. I just got off work.(나 방금 퇴근했어.)

· call it a night이라는 표현도 있는데요. 이것은 직장에서 사용하는 것보다는 밖에서 식사를 하고 너무 늦은 시간이 되어서 '이제 그만하고 집에 가자' 정도의 느낌이에요.

원어민의 코멘트   원어민은 이렇게 사용해요!

Kelly

이 표현은 직장에서 일을 마치고 끝나서 갈 때, 아니면 심지어는 카페에서 공부를 하다가, '나 이제 그만할래.'라고 할 때도 사용할 수 있어요. 전 아트 스튜디오에서 일을 하는데, 특별히 할 일이 많지가 않으면 call it a day 하고 집에 가요.

· One more question and then we'll call it a day.
  질문 하나만 받고 오늘은 마무리하죠.

· After this project, let's call it a day. 이 프로젝트 하고, 오늘은 마치도록 하자.

· I'm losing focus. I think I should call it a day.
  집중이 안 된다. 오늘은 그만해야겠어.

단어 & 표현

yard 정원 as fast as I can 최대한 빨리

★★ Unit 028

cover for someone 다른 사람의 일을 처리하다

유사표현 take the blame, stand in for, fill in for, hide

MP3 & 동영상 확인

Can you cover for me?

나 커버해 줄 수 있어?

일을 하는데 급한 일이 생겨서 그날 일이 없는 동료에게 나 대신에 일해줄 수 있냐고 물어볼 때 "Can you cover for me?"라고 할 수 있어요. 또한 이 표현은 일하는 상황 외에, 곤란한 상황에 봉착한 사람이 도와 달라고 하면서 거짓말을 좀 해서 보호해 달라고 할 때도 사용해요. 만약 아이가 비싼 물병을 깼을 때, 자기 형한테 "Can you cover for me? Please tell my parents the dog broke it!(나 좀 도와줄 수 있어? 개가 깼다고 말해줘!)" 이렇게 말할 수 있겠죠.

Luke	Hey Jen, can you **cover my shift** at work this weekend?
Jen	Sure. You owe me one, though.
Luke	By the way, make sure you don't mention to the boss that I broke the coffee machine.
Jen	Actually, he already asked me about it and I **covered for you**. I told him a customer accidentally did it.
Luke	I guess I owe you two then.

루크	젠, 이번 주말에 회사에서 내 일 좀 커버해 줄 수 있어?
젠	물론이지. 근데 너 나한테 빚진 거다.
루크	근데, 내가 커피 기계 깼다고 보스한테 말하면 안 돼.
젠	사실, 벌써 보스가 그거 물어봤는데 내가 널 위해서 잘 둘러댔어. 고객이 실수로 그렇게 했다고 말했어.
루크	그럼 내가 너한테 두 번이나 빚진 거 같은데.

96

내가 무슨 일이 있어서 나가지 못할 때 **"Can you cover for me?"** 라고도 하지만 "Can you fill in for me?" 라고도 할 수 있어요.

- "Can you cover me?" 라는 말은 전쟁에서 총알이 빗발치는 곳에 나가면 위험하니 옆에 있는 동료한테 '나 좀 엄호해 줘!' 정도의 의미예요.
- "Cover for me!" 가 '내 잘못을 잘 둘러대줘'라는 말이라면 back me up은 보통 자신이 어떤 주장을 할 때(토론하는 것을 생각해봐요) , '그것에 대해서 날 좀 도와줘'라는 의미로 많이 사용되죠.

원어민의 코멘트 원어민은 이렇게 사용해요!

Kelly

이 표현은 두 가지의 의미가 있어요. 먼저 말 그대로 정말 다른 사람의 스케줄을 커버해 주는 거예요. 만약 누가 휴가가 있다면, 그 사람을 대신해서 여러분이 일을 해줄 수 있죠.(cover for him) 두 번째는 만약 거짓말을 시키고 있는데 그것을 숨길 때 사용할 수 있어요. 만약 친구가 여자친구 몰래 딴 여자를 만나고 있는데, 여러분이 "Okay, I'll say you were hanging out with me. I'll cover for you." 라고 했다면 친구의 거짓말을 cover up해주는 거죠. 그렇게 하는 것은 옳다고는 생각 안 해요.

- I hope she can cover for me. 그녀가 대신해 줄 수 있길 바라.

- He covered for me last week. 그가 지난주에 날 대신해 주었어.

- Just cover for me this time and I'll get you whatever you want.
이번 한 번만 봐주면 너 원하는 거 다 사줄게.

You own me one. 너 나한테 빚졌다. (상대방에게 뭔가를 해주면서 장난스럽게 말하는 표현)
accidently 실수로

go-getter (특히 사업에서) 성공하려고 단단히 작정한 사람
유사표현 self-starter, hard worker

MP3 & 동영상 확인

She's a go-getter.

그녀는 정말 대단한 열정녀야.

"Go get it."이라는 표현은 '가서 적극적으로 쟁취해!' 정도의 표현이에요. 어떤 일이 있을 때 가만히 있는 게 아니라 목표를 설정하고 그것을 적극적으로 실행해서 해내고야 마는 사람을 go-getter라고 해요. 매우 목표 지향적(goal-oriented)이고, 적극적이고(active), 활력이 넘치고(energetic), 야심이 있고(ambitious), 단호한(determined), 한다면 하는(driven) 그런 사람이죠.

Luke	It's so hard finding people to hire for my new company.
Erin	Have I introduced you to Mark yet? He just left his last job and is looking for something new.
Luke	What's he like?
Erin	He's a real **go-getter**. He works harder than anyone I know.

루크	새 회사에 일할 사람들을 찾는 게 정말 어렵다.
에린	내가 너한테 마크 소개했나? 걔가 지난번 직장 떠나고 나서 지금 새로운 직장을 찾고 있어.
루크	어떤 사람인데?
에린	정말 완전 열정맨이야. 내가 아는 그 어떤 사람들보다 열심히 일해.

go-getter는 특별한 자질을 가지고 있는데요, 누가 그들에게 뭔가를 시키지 않아도 자율적으로 스스로 하는 특징이 있어요. 매우 독립적이고 보통 기대 이상의 성과를 내죠.

· 이런 사람들은 hustle을 하는데요. hustle이라는 표현은 항상 기회를 얻기 위해서 남들 쉴 때 노력하고 바쁘게 움직이는 것을 표현할 때 많이 사용합니다. 하지만 hustle이 동사로는 좋은 의미로 요즘 많이 사용되지만, hustler라고 하면 사기꾼이란 의미가 가장 먼저 생각이 나네요.

· go-getter가 아닌 게으르고, 삶에 목표도 없는 그런 사람은 보통 slacker라고 해요.

원어민의 코멘트　　　　　　　　원어민은 이렇게 사용해요!

Kelly

전 이 표현을 보면 야망에 불타는(ambitious), 기대 이상의 성과를 달성하는 사람(overachiever, high achiever)이 생각이 납니다. 보통은 좋은 말이죠. 항상 최고의 성과를 내고, 제대로 일을 해내고, 항상 승진하려고 노력하고, 다음 목표를 향해서 나아가는 사람이요.

● **He's a real go-getter.**　그는 진짜 한다면 하는 사람이다.

● **I want to hire someone that is a go-getter.**
나는 정말 결단력 있고 행동을 하는 사람을 고용하고 싶어.

● **Go-getters are hard to find.**　열정을 가진 사람들을 찾기 쉽지 않다.

단어 & 표현

What's he like? 그 사람 어떤데?
work harder than anyone I know 내가 아는 그 어떤 사람보다 열심히 일하다

take over (~로부터)(~을) 인계받다, 넘겨받다
유사 표현 gain control, change ownership, purchase

MP3 & 동영상 확인

He will take over the company.

NEW CEO

그가 회사를 떠맡을 거예요.

이 표현은 기업에서 승진을 해서 높은 위치에 올라가서 뭔가를 컨트롤한다는 의미로 사용돼요. 심지어는 전체 회사를 떠맡을 때도 사용됩니다. 직장에서, 정부에서, 또는 그냥 친구들로 구성된 동아리, 동호회를 떠맡을 때도 사용되죠.

Luke   Mark is throwing a party tonight.

Jen   What is he celebrating?

Luke   He got a promotion. He just **took over** as the CEO of the company.

Jen   Wow, that's really impressive!

루크   마크가 오늘 밤 파티를 열어.
젠   어떤 축하를 하는 거야?
루크   승진했거든. 회사의 대표이사로서 회사를 책임지게 되었어.
젠   와, 정말 대단하다!

take over는 회사를 인수한다는 말도 있지만, 일상 생활에서는 이렇게 사용되는 경우는 없겠죠. 사실 일상 대화에서도 쉽게 사용할 수 있어요. 예를 들어, 동료가 땀까지 흘리면서 한참 일을 하니 너무 안쓰러워서 "Let me take over."이라고 했다면? 이 말은 결국 '내가 할게', '이제 내가 떠맡을게'라는 표현이 되는 거죠.

> - 동료가 갑자기 2주 동안 해외 출장을 가게 되었어요. 그래서 제가 그의 업무를 떠맡게 되었어요.
>   이때도 take over라는 표현을 자연스럽게 사용할 수 있겠죠. 우리가 이미 잘 알고 있는 take
>   care of, handle도 이런 상황에서 사용할 수 있죠.

원어민의 코멘트　　　　　　　원어민은 이렇게 사용해요!

Kelly

이 표현은 회사가 take over(인수)한다고 할 때 사용할 수 있어요. 예를 들어, Google이 Youtube를 샀잖아요. 이때 "Google took over Youtube."라고 할 수 있겠죠.

- **I will take over. Get some rest.**　내가 대신할게. 좀 쉬어.

- **Let me take over whatever you're doing.**　네가 지금 하는 일이 뭐든 내가 대신할게.

- **I will take over when my dad retires.**　아버지가 은퇴할 때 내가 그 역할을 대신할 거야.

단어 & 표현

throw a party 파티를 열다　CEO(Chief Executive Officer) 대표이사
impressive 대단한

1 대화를 통해 배우는 핵심 표현

Chapter **6** 에서 학습한 표현을 복습하며 응용해 보세요.

on thin ice **call it a day** **cover for someone**	**go-getter** **take over**

💬 At Ethan's work

Ethan   Hey David, it's almost time to **call it a day**.

David   Finally. This week has been really exhausting.

Ethan   Yeah, it has.

David   I hear the new guy is already **on thin ice**.

Ethan   Really? What did he do?

David   He's been late every day this week.

Ethan   That's not good.

David   He was also supposed to **cover for Dylan** who is sick, but he never showed up.

Ethan   That's definitely enough to get fired.

David   Anyways, I heard Luke is really impressed with your work. It seems like you're a real **go-getter**.

Ethan   I appreciate that.

David   Who knows, maybe you'll be the one **taking over** the company once Luke retires.

Ethan	I don't know about that, but I have been working really hard since I got here. That's why I decided to go on vacation to France next week.
David	Well, you deserve it. Have a good trip.

💬 에단의 직장에서

에단	데이비드. 이제 오늘 거의 마무리할 시간이야.
데이비드	아, 드디어 끝이 났구나. 이번 주는 정말 너무 힘들었어.
에단	맞아.
데이비드	새로 온 신입이 벌써 위태위태하다고 들었어.
에단	진짜? 뭘 했는데?
데이비드	이번 주에 매일 지각했대.
에단	좀 그러네.
데이비드	또 몸이 안 좋은 딜런을 대신해서 일하기로 했는데, 오지도 않은 거야.
에단	충분히 잘릴 만하네.
데이비드	여하튼, 루크가 네가 일 잘한다고 감동했다고 하던데. 너 정말 대단한 열정맨인 거 같아.
에단	고마워.
데이비드	누가 아니? 루크가 일단 은퇴하면 네가 이 회사를 떠맡게 될지.
에단	잘 모르겠어, 근데 여기에 오고 나서부터 열심히 일하긴 했어. 그래서 다음 주에 프랑스로 휴가 가기로 결정했어.
데이비드	넌 즐길 자격이 있어. 여행 잘 갔다 와.

exhausting 피곤하게 하는 I appreciate that. 고마워. once 일단 ~하면
go on vacation 휴가 가다 deserve it 그럴 자격 있어

2 서포터즈들의 Q&A

Q1 Unit 026 You should've told him the truth.

should have p.p.는 '~ 해야 했는데'라는 과거의 후회 표현이라고 배웠는데요. 이것 말고도 would have p.p., could have p.p.도 많이 나오는데 정리해 주세요.

should have p.p.는 상대방에게 '왜 그렇게 했니? 이렇게 했어야지.' 정도의 느낌이에요. "You should have listened to him."이라고 하면 '너 걔 말 왜 안 들었어? 들었어야지.' 정도로 해석하면 되죠. would have p.p.에서 would는 보통 if하고 같이 간답니다. "If I had listened to Luke, I would have passed the test."라고 하면 '내가 루크 말을 들었었다면 난 그 시험에 합격할 수 있었는데.'라는 말이죠. could have p.p.는 could가 '~일 수도 있다'라는 추측과 can의 과거인 '~할 수 있다'의 could 인지에 따라서 해석이 달라지는데요. 직장 동료가 10시가 넘었는데 출근을 안 하고 있다면, '아마 알람 설정하는 걸 깜빡했을 거야'라고 추측하면서 "He could have forgotten to set an alarm."이라고 할 수 있겠죠. 반면에 "If I had listened to Luke, I could have passed the test." 라고 하면 would've p.p.하고 거의 비슷한 느낌으로 '~했으면 ~할 수 있었었는데'라는 과거의 후회의 느낌이 있는 표현이라고 생각하면 되겠어요.

Q2 Unit 028 You owe me one, though.

though가 문장 뒤에 가는 경우를 종종 보는데요. 확실히 이해하기 쉽게 설명해 주세요.

문장 끝에 사용하는 though는 캐주얼하게 앞에 말했던 것과는 반대를 강조하는 표현(but)이에요. '그런데', '그래도' 정도의 의미라고 하면 될까요? 예를 들면 반에 성격은 안 좋은데 얼굴은 예쁜 여자애가 있다면 "She has a nasty personality. But she's beautiful."이라고도 할 수 있지만 "She's beautiful, though."라고 말을 할 수 있다는 거죠. 누가 저한테 "Can I get you something to drink?(뭐 마실 거 갖다 줄까?)"라고 했어요. 전 이미 뭘 마셔서, 괜찮다고 할 때. "I've just had some. Thanks, though.(나 방금 마셨어. 어쨌든 고마워.)"라고 할 수 있다는 거죠.

in a rush 아주 바쁘게
유사표현 to hurry, hasten, to be out of time

MP3 & 동영상 확인

I'm always
in a rush.

난 항상 바빠.

이 표현은 항상 어딘가를 가고, 무언가를 하느라 시간이 부족할 때 사용해요. 미팅이 있는데 그 미팅 장소에 바쁘게 허겁지겁 가는 것을 상상해 보세요. 진행 중인 프로젝트가 있는데 마감일이 코앞이에요. 역시 이런 경우에 in a rush라는 표현을 사용하면 좋아요. 미리 철저하게 계획하고 하면 in a rush하는 일은 줄어들겠죠.

Luke	Hey Erin, are you free for dinner tonight?
Erin	No, I'm not. I have a hundred things I need to do tonight.
Luke	What do you need to do?
Erin	I have to write a report for work, correct my student's essays, and then pick up my sister from the airport.
Luke	You must be stressed.
Erin	Yeah, I feel like I'm always **in a rush** these days.

루크	에린. 오늘 저녁 같이 할 수 있는 시간 있어?
에린	아니. 오늘 밤에 해야 할 일이 산더미야.
루크	뭐 해야 하는데?
에린	회사 보고서를 써야 하고, 학생들 에세이를 첨삭해야 하고, 공항에서 여동생을 픽업해야 해.
루크	정말 스트레스 받겠다.
에린	응. 요즘은 항상 너무 바쁘게 허겁지겁 사는 거 같아.

in a rush는 in a hurry와 거의 비슷한 표현이에요.

• 이렇게 바쁜 상황에서 사용할 수 있는 표현은 busy뿐만 아니라 꽤 많은데요. 몇 가지만 소개해 드릴게요. 먼저 "I'm tied up."이라는 표현이에요. tie는 '묶다'라는 표현인데 tied up이 되면 내가 어떤 일에 묶여서 다른 것을 할 수 있는 여유조차 없다는 것이죠. "I'm swamped."라는 표현도 있는데, swamp(늪, 습지)에 빠져 있는 것을 상상하면 다른 것을 할 수 있는 여유가 없다는 것이 쉽게 떠오르겠죠.

• "I gotta run."이라는 표현도 급하게 서두를 때 매우 많이 사용해요. 주의할 것은 run은 여기서 '뛰다'라는 의미가 아니라 '서두르다'라는 말이에요.

CJ

전 in a rush할 때마다, 거의 다른 것을 할 시간이 없어요. 그래서 그것을 매우 빨리해야 하죠. 전 in a rush할 때 큰 스트레스를 받아요. in a hurry도 비슷한 표현인데, 이 표현은 "Hurry!(서둘러)"라고 단독으로도 사용하지만 in a rush는 "Rush!"라고 하면 이상해요.

• He was in a rush to get to the airport. 그는 공항으로 급히 갔어.

• She's always in a rush in the morning. 그녀는 항상 아침에 서둘러.

• I'm in a rush to catch the bus. 나 버스 타려면 서둘러야 해.

단어 & 표현

Are you free for ~? ~할 시간 있어? correct 교정하다, 첨삭하다

032

in advance 미리, 전부터
유사 표현 to plan ahead, to plan before, RSVP

MP3 & 동영상 확인

Plan your trip
in advance.

미리 여행을 계획해!

이 표현은 '미리 뭔가를 계획하다'라는 의미예요. 어떤 행사를 계획하거나, 여행을 가거나 단순히 누구를 만나거나 할 때 사용하죠. 뭐든지 꼼꼼하게, 확실하게, 허둥지둥하지 않고 잘하는 사람은 종종 뭔가를 미리 계획하죠.(plan things in advance)

Luke	Did you hear about that new Spanish restaurant in Gangnam?
Jen	Yeah, I heard it's really popular.
Luke	Let's go eat there tonight.
Jen	I heard you have to make a reservation at least a month **in advance**.
Luke	A month? That's crazy. They must be really popular.

루크	강남에 새로운 스페인 음식점 들어봤어?
젠	응, 정말 인기 있다고 들었어.
루크	오늘 밤에 가서 먹어보자.
젠	적어도 한 달 전에 미리 가 예약해야 한다고 들었는데.
루크	한 달? 말도 안 돼. 정말 인기 있나 봐.

in advance를 조금 응용해서 '한 달 전에 미리 알려 줄 수 있어요?'라고 하려면 "Can you let us know a month in advance?" 이렇게 말할 수 있어요. 뮤지컬 배우에게 '뮤지컬 공연하기 전에 얼마나 미리 준비를 시작하죠?'라고 물어볼 때는 "How far in advance do you start preparing for the show?"라고 말할 수 있겠죠.

- in advance와 ahead of time은 비슷한 표현이에요. 그런데 완전히 바꿔 쓸 수 있지는 않아요. 거의 대부분은 바꿔 써도 되는데, 자주 쓰는 표현 중 상대방에게 부탁을 하고 미리 고맙다고 할 때는 "Thanks in advance."라고 하지 "Thanks ahead of time."이라고 하진 않아요.

원어민의 코멘트   원어민은 이렇게 사용해요!

CJ

doing something in advance의 의미는 뭔가를 하기 전에, 미리 계획하려고 하는 것을 말하는 거예요. 이렇게 해서 in a rush(서두르는)하는 것을 피해서 다른 것들을 할 시간을 확보하는 거죠. doing things in advance하면 스트레스로부터 스스로를 지킬 수 있죠.

- Book a reservation for the restaurant in advance. 미리 음식점 예약해.

- You should plan your schedule in advance. 미리 일정을 계획해야 해.

- Make sure you tell her about it in advance.
  꼭 그녀한테 그것에 대해 미리 말하도록 해.

단어 & 표현

make a reservation 예약하다

rip-off 바가지
유사표현 expensive, cheat, fraud, swindle

MP3 & 동영상 확인

That's a rip-off!

완전 바가지네!

이 표현은 뭔가에 대해서 지나치게 많은 돈을 지불했다는 말이에요. 음식, 휴가, 옷, 전자제품 등 모든 게 될 수 있죠. 원래 가치보다 더 많은 것을 냈다면, 그것은 rip-off(바가지)가 될 수 있죠. 판매하는 사람은 자신들이 고객들을 rip off(사기 치다) 하는지 알 수 있죠.

Luke	I finally got a new TV.
Erin	It looks great. How much did you pay?
Luke	I paid about $500.
Erin	Really? You could have gotten the same TV at Costco for $300.
Luke	Are you serious? What a **rip-off**!
Erin	You should do more research before you buy so you don't get **ripped off**.

루크	드디어 새 TV를 샀어.
에린	좋아 보이는데. 얼마나 지불했어?
루크	대략 500달러 정도.
에린	정말? 코스트코에서 같은 TV 300달러면 살 수 있었을 텐데.
루크	정말이야? 바가지 썼군!
에린	사기 전에 리서치를 더 하는 게 좋아. 그래야지 바가지 안 쓰지.

룩룩 쌤의 코멘트 이것도 꼭 알아두세요!

rip-off는 보통 유명 제품의 짝퉁을 말할 때도 사용할 수 있어요. 누가 가짜 iPhone을 판매하고 있다면 "The iPhone is a rip-off."이라고 할 수 있죠. 그런데 사실 이런 경우는 knock-off라는 표현을 더 많이 써요. "It's a knock-off iPhone."처럼 말합니다.

• 명사로도 사용이 되지만 get이라는 동사와 함께 get ripped off라고 많이 사용해요. "I got ripped off."라고 하면 '나 바가지 썼어'라는 말이죠. 결국 바가지를 씌우는 것도 사기 행위잖아요. 그러면 사기라는 표현은 뭐라고 할까요? 바로 scam, fraud라는 표현을 써요. 그럼 사기꾼은? scammer 아니면 그냥 fraud라고 하면 됩니다.

원어민의 코멘트 원어민은 이렇게 사용해요!

CJ

a rip-off는 여러분이 지불한 것이 실제 가치보다 훨씬 더 높을 때 사용하죠. 생각했던 거보다 더 많이 지불한 거죠. 단지, '생각보다 너무 비싸다'라고 하려면 expensive, costly 또는 overpriced라는 표현을 사용해요.

• What a rip-off! 완전 바가지네!

• I got ripped off. 바가지 썼어.

• That deal kind of seems like a rip-off. 그 거래는 완전 바가지 같은데.

단어 & 표현

could have p.p. ~ ~할 수 있었는데
Are you serious? 정말이야? (믿지 못할 때 되묻는 느낌)

turn up (잃어버렸던 물건 등이) 뜻밖에 나타나다, 찾게 되다
유사 표현 be found, be discovered, be located

MP3 & 동영상 확인

Her wedding ring turned up long after she lost it.

그녀의 결혼반지를 잃어버리고 한참 후에 발견했어.

뭔가를 잃어버렸는데 찾을 때는 없다가 이미 포기하고 잊어버리고 있었는데 갑자기 딱 발견하는 경우가 있죠. 이렇게 우연하게 뭔가 딱 나올 때 turn up이라는 표현을 사용할 수 있어요.

Luke	(looking for something)
Erin	What's wrong? What are you looking for?
Luke	I lost my wallet. I can't find it anywhere.
Erin	Where was the last place you saw it?
Luke	Last night. I paid the delivery man for the pizza.
Erin	It's probably here in your apartment then. I'm sure it will **turn up** soon.
Luke	I hope so.

루크	(뭔가를 찾고 있음)
에린	무슨 일 있어? 뭘 찾고 있는 거야?
루크	지갑을 잃어버렸어. 아무 데도 없네.
에린	마지막으로 봤던 곳이 어디야?
루크	어젯밤이야. 피자 살 때 배달부한테 계산했거든.
에린	그럼 아마도 너의 아파트에 있을 거야. 곧 나올 거야.
루크	나도 그랬으면 좋겠어.

turn up은 찾고자 하는 물건에도 사용이 되지만, 내가 바라던 기회가 갑자기 예상치 않게 찾아올 때, 찾고 있는 사람이 예상치 않게 나타날 때도 사용할 수 있어요.

- 보통은 show up이라는 표현을 사용해도 괜찮아요. show up은 "I'll show up."처럼 사람에게 주로 사용하고, turn up은 사람이 아닌 물건에 주로 사용이 되죠.

원어민의 코멘트　　　　　　　　　　　원어민은 이렇게 사용해요!

이 표현은 뭔가를 잃어버리고 나중에 찾게 될 때 사용을 해요. 예를 들면, 여자친구가 립스틱을 어디다가 내버려 두고 찾을 수가 없어서 제게 찾아달라고 부탁했는데 저도 못 찾았어요. 나중에 보니 여자친구의 침대 아래에서 turned up했죠.

CJ

- My wallet finally turned up.　지갑이 드디어 나왔다.
- I'm sure it will turn up soon.　그게 곧 나올 거라고 확신해.
- My ring turned up under the couch.　내 반지가 소파 밑에서 나왔어.

단어 & 표현

wallet 지갑　last night 어젯밤　delivery man 배달원

end up 결국 어떤 처지에 처하게 되다
유사표현 in the end, finish, conclude, culminate, wind up

MP3 & 동영상 확인

We ended up watching a movie.

우리는 결국 영화를 보게 되었어요.

이 표현은 주로 계획하지 않았던 상황의 결론을 낼 때 사용해요. 종종 생각지도 않았던 것 때문에 계획을 변경할 때가 있는데 바로 이럴 때 사용하죠. '결국 ~하게 되다'는 뜻이 되는데 보통 결과에 포커스가 있다는 것을 기억하세요.

Luke	How was your big date tonight?
Jen	It was okay, but we had to change plans because of the weather.
Luke	Yeah, it rained a lot yesterday.
Jen	We were going to go to the Han river and have a nice picnic at sunset, but since it rained, we just **ended up** watching a movie.

루크	오늘 밤 데이트 어땠어?
젠	괜찮았어. 근데 날씨 때문에 계획을 바꿔야 했어.
루크	응, 어제 비가 많이 왔었지.
젠	한강 가서 해 저무는 노을을 보면서 멋진 피크닉 좀 하려고 했는데, 비가 와서 결국 그냥 영화 봤어.

end up 다음에는 "I ended up being a teacher.(결국 교사가 되었어요.)"처럼 보통 ing 형태가 많이 나오죠. 하지만 ended up dead(결국 죽었어요), ended up with nothing(아무것도 갖지 못했어요), ended up in Korea(결국 한국에 있게 되었어요)처럼 뒤에 다양한 형태가 나올 수 있어요.

> · end up은 wind up으로 대체할 수 있어요. 과거시제로 많이 사용되니 ended up은 wound up이라고 할 수 있죠.

 원어민의 코멘트　　　　　원어민은 이렇게 사용해요!

CJ　　end up은 계획한 것과 다른 결과가 나왔을 때, 또는 미리 계획을 했을 때도 사용 가능하긴 해요. 제가 아시아 여행을 한다고 가정해 볼게요. 한국을 갔다가, 일본, 중국, 그리고 싱가포르에서 여행을 마무리 짓고 싶어요. 그때 "I want to end up in Singapore."이라고 할 수 있어요. 계획된 여행을 진행할 때 이렇게 사용이 가능하죠. 반면에, 친구들과 술 마시고 놀다가 딱 일어나 보니 전혀 알지도 못 하는 화장실에 자신이 퍼져 있는 것을 발견했다면 "I ended up in a restroom."이라고 할 수 있어요.

- I ended up buying the phone.　결국 전화기를 구매하게 되었어.

- We ended up going to Spain.　우리는 결국 스페인에 가게 되었어.

- I'll probably end up at the party.　나 아마도 파티에 가게 될 거야.

단어 & 표현

sunset 해질녘, 노을

1 대화를 통해 배우는 핵심 표현

Chapter 7 에서 학습한 표현을 복습하며 응용해 보세요.

in a rush **in advance** **rip-off**	**turn up** **end up**

💬 After coming back from France

Mike   Hey guys, welcome back! How was your trip?

Sarah   It was okay, but a lot of things went wrong.

Mike   What happened?

Ethan   When we first got there, we signed up for a popular French cooking class **in advance**, but it **ended up** being really bad.

Mike   Why?

Ethan   It was really expensive and the chef had no idea what he was doing. It was a total **rip-off**.

Sarah   The rest of the trip was pretty good, until the end.

Ethan   Right before we left for the airport, I lost my passport. I looked for it everywhere.

Sarah   It finally **turned up** in our luggage, but we lost so much time.

Ethan   We were **in a rush** to catch our flight, but we still missed it. We **ended up** having to take the next plane home.

Mike   That sounds really crazy.

💬 프랑스에서 돌아온 후

마이크	안녕 얘들아, 다시 돌아온 걸 환영한다! 여행은 어땠어?
사라	괜찮았어, 근데 많은 것이 꼬였어.
마이크	뭐 어떻게 됐는데?
에단	먼저 거기 도착했을 때, 미리 인기 있는 프랑스 쿠킹 클래스 등록을 했는데, 정말 별로였어.
마이크	왜?
에단	정말 비싸고, 주방장이 뭐 하는지도 잘 모르더라고. 완전히 바가지 썼어.
사라	마지막 빼고 나머지는 다 꽤 괜찮았어.
에단	우리가 공항으로 떠나기 바로 전에, 여권을 잃어버렸어. 이곳저곳 다 찾아봤지.
사라	나중에 짐 가방에서 나오더라고, 정말 많이 시간 낭비했어.
에단	비행기 타려고 서둘러 갔지만 놓쳤어. 결국 다음 비행기 편을 타야 했어.
마이크	정말 말이 안 나온다.

go wrong 잘못되다 sign up for ~ ~을 등록하다 chef 주방장 have no idea 잘 모르다
passport 여권 luggage 짐, 가방

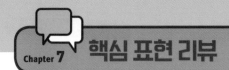

2 서포터즈들의 Q&A

Q1 Unit 031 You must be stressed.

must는 학교에서는 '~임에 틀림없다' 또는 '~ 해야 한다'로 배웠는데 자세히 알려주세요.

must가 '~해야 한다'라는 강한 의무인 경우에는 have to, need to도 같이 공부해야겠죠. 그렇다면 must, have to, need to는 차이가 있을까요? 쉽게 말하면 차이가 거의 없고, 그 차이를 굳이 구분을 할 필요가 없어요. 그래서 그냥 같다고 생각하세요. 단, have to가 대화상에서 훨씬 더 많이 사용된답니다. must가 의무로 사용되는 경우는 강한 official rule을 말할 때 주로 글씨로 적혀 있는 것을 볼 수 있어요. "You must not smoke in the office.(사무실에서는 담배 피우지 마세요.)", "Drivers must not drink and drive.(운전자는 음전 운전하면 안 돼요.)" 식으로 말이죠. 확신에 차서 추측하는 경우는 must be ~라고 해서 뒤에 be가 같이 나오는 경우가 일반적입니다. 예전 일에 대해서 확신을 하는 경우는 must have p.p.를 사용하면 되겠죠.

Q2 Unit 032 I heard you have to make a reservation at least a month in advance. / A month? That's crazy. They must be really popular.

make a reservation을 book a table이라고 해도 될까요? 그리고 여기서 restaurant를 they라고 받았는데요. restaurant은 단수인데 왜 they가 된 거죠?

'예약하다'라고 할 때는 reserve, book을 사용해서 reserve/book a table, reserve/book a room, reserve/book a flight 식으로 사용하면 됩니다. 아니면 make a reservation을 사용하시면 돼요. 참고로 book a reservation이라고 하진 않아요. book 자체에 이미 reserve라는 의미를 가지고 있기 때문이죠.

단수인 거 같은데 we, our, us, they, their, them을 사용하는 경우가 있죠. 예를 들어 음식점에 지갑을 놓고 와서 다시 가지러 갔을 때 '음식점에 있는 종업원이 그것을 보관해 두었어요'라고 하면 성별을 확실히 알면 he, she 등을 사용할 수 있지만, 그것이 언급되어 있지 않은 경우에는 they라고 사용할 수 있어요. "They have my wallet."처럼요. 근데 물론 여기서 they 다음에는 복수로 수일치는 해줘야 합니다. 뿐만 아니라 회사, 음식점, 상점도 모두 복수(we, they, our, their)로 사용하는 것이 일반적입니다.

CHAPTER

8

Relationship
관계

036

break up 헤어지다
유사 표현 split up, dump

MP3 & 동영상 확인

He broke up with his girlfriend.

걔 여자친구하고 깨졌어.

break up은 남녀관계를 끝낼 때 가장 많이 사용하는 표현이에요. 보통 남자친구, 여자친구가 헤어질 때 많이 사용하죠. 결혼한 커플은 break up보다는 divorce(이혼하다)라는 표현을 더 많이 사용해요.

Luke	Hey Jen, why do you look so sad today?
Jen	Mark and I **broke up** earlier today.
Luke	Oh, I'm so sorry to hear that.
Jen	It's okay. I think we both knew we were going to split up for a while now.
Luke	Who **broke up with** who?
Jen	He dumped me.

루크	야, 젠. 오늘 왜 이렇게 슬퍼 보여?
젠	나 오늘 일찍 마크하고 깨졌어.
루크	오, 안됐다.
젠	괜찮아. 그동안 깨질 거라는 것을 우리 둘 다 알고는 있었어.
루크	누가 누구를 차버린 거야?
젠	걔가 날 차버렸어.

룰룰 쌤의 코멘트

이것도 꼭 알아두세요!

break up이라고 해야지 break라고만 하면 안 돼요. 예를 들면 "I'm taking a break from her."라고 하면 서로 만나지 않고 잠시 휴식을 갖는 거예요. 완전히 관계를 끝내는 것은 아니죠.

· dump는 한국말로 '차버리다'는 의미로 사용이 돼요.

· split up이라는 표현도 break up과 같은 표현이에요. split up이 뭔가를 딱 자르고 나누는 느낌이잖아요. 근데, split the bill이라고 하면 뭐를 사 먹고 '반반씩 내자', '더치페이 하자'라는 의미이기도 하죠.

원어민의 코멘트

원어민은 이렇게 사용해요!

Peter

이 표현은 더 이상 관계를 회복하지 못하고 완전히 끝낼 때 사용해요. 여러 가지 이유 때문에 깨지곤 하죠. 아마도 더 이상 잘 지내지(get along) 못해서, 한 사람이 바람을 피워서(unfaithful), 부모님들이 여자친구, 남자친구를 좋아하지 않아서, 상대방이 지저분해서(messy) 등 논쟁을 하고 결국 함께하지 못하면, broke up하는 거죠.

· **They broke up.** 걔들 깨졌어.

· **She broke up with me.** 그녀는 나랑 헤어졌다.

· **Let's break up.** 그만 끝내자.

단어 & 표현

earlier today 오늘 이른 시간(현재 말하고 있는 시점보다 보통 몇 시간 전)
split up 깨지다(= break up) for a while 한동안 dump ~ ~을 차버리다

037

figure out 알아내다; 이해하다

MP3 & 동영상 확인

I'm trying to figure out the problem.

난 그 문제를 해결하려고 노력 중이에요.

뭔가 문제(problem)가 발생하면 그것에 대한 해결책(solution)을 찾아야겠죠. 이렇게 '어떤 문제를 해결하다'라고 할 때 solve라고 해도 되지만, figure out이 라는 표현을 자주 사용해요. 특히 쉬운 문제가 아니라 '쉽게 해결하기 어려운 문 제를 해결하다'라고 할 때 figure out이 적합하죠.

Luke | Why isn't your computer working?

Erin | I'm not sure. I'm trying to **figure out** what's wrong with it.

Luke | Maybe you should take it to the shop.

Erin | You're right. Maybe they can discover what the problem is.

루크 | 왜 네 컴퓨터가 먹통이지?
에린 | 잘 모르겠네. 뭐가 문제인지 보고 있어.
루크 | 한번 서비스 센터에 가지고 가보는 건 어때?
에린 | 네 말이 맞아. 아마도 문제가 뭔지 센터에서 발견할 수 있을 거야.

룩룩 쌤의 코멘트   이것도 꼭 알아두세요!

figure out the problem이라고 할 수 있지만, 보통 the problem은 상대방도 알고 있을 경우가 많아서 figure it out이라고 많이 말해요.

· figure out과 find out은 비슷하긴 한데요. figure out은 뭔가를 열심히 노력을 통해서 알아내려는 느낌이라면 find out은 뭔가를 그냥 발견하게 되는(discover) 느낌이 강해요.

원어민의 코멘트   원어민은 이렇게 사용해요!

Peter

이 표현은 뭔가 이해하려고 노력하고, 문제를 해결하려고 노력하는 거예요. 여러 가지 다양한 문제에 사용할 수 있어요. 수학 문제를 푸는 것, 언어를 배우는 것 등에서요. 남녀 관계에서 상대방의 마음을 다치지 않게 어떻게 해야 할까, 잘 지낼까, 왜 화내고 있지? 고민하면서 해결하려는 것도 figure out을 사용하면 됩니다.

● Let's try to figure it out. 한번 해결하려고 노력해보자고.

● I'm trying to figure out what's wrong. 난 뭔가 잘못되었는지 해결하려고 해.

● I finally figured out a way to study English.
  난 마침내 영어를 어떻게 공부하는지 알게 되었다.

단어 & 표현

Maybe you should ~. ~하는 게 좋을 거 같아.

start from scratch 처음부터 시작하다, 아무것도 없이 시작하다
유사표현 from square one, from the ground up, to start over

MP3 & 동영상 확인

Let's start from scratch.

scratch

처음부터 시작하자.

이 표현은 '맨 처음부터 무언가를 시작하다'라는 의미지만, 보통은 예전에 경험한 적이 있는데 문제가 생겨서 다시 시작한다는 의미로 많이 쓰인답니다. 예를 들어 제가 컴퓨터 작업을 하다가 저장하는 것을 까먹었어요. 그러면 다시 시작해야 하죠. 모든 것을 처음부터 시작하는 것이니 start from scratch라고 해요. 그리고 다른 사람 도움 없이 스스로 한다고 할 때도 많이 사용해요. 회사를 설립했는데 누구의 도움 없이 혼자 회사를 시작한 경우에 start from scratch가 어울리죠.

Luke	Scott just quit his job.
Erin	What is he going to do now?
Luke	I heard that he wants to make his own pizza restaurant.
Erin	Wow, that's awesome. His pizzas are really good.
Luke	He makes his own pizza dough **from scratch**.
Erin	Yes, he prefers to make it himself rather than buy it from the store.

루크	스캇이 직장을 그만뒀어.
에린	걔 이제 뭐 한데?
루크	피자 가게 시작한다고 들었는데.
에린	와우. 정말 짱인데. 걔가 만든 피자 정말 맛있거든.
루크	걔 도우까지 스스로 만들잖아.
에린	응, 걔는 가게에서 사는 거보다 스스로 만드는 것을 좋아하지.

룩룩 쌤의 코멘트 · 이것도 꼭 알아두세요!

이 표현이 매우 많이 사용하는 표현이긴 하지만 좀 더 쉬운 표현으로 대체할 수 있어요. start over나, doing something new처럼 말을 할 수 있죠. 예를 들면 "John accidentally spilled coffee on his project, so he had to start over.(존이 실수로 프로젝트에 커피를 쏟아서, 모든 것을 새로 시작해야 했어요.)," "Sam quit his job so that he could try something new.(샘이 직장을 그만두어서 새롭게 뭔가를 해야 했어요.)"처럼요.

원어민의 코멘트 · 원어민은 이렇게 사용해요!

Peter

저는 이 표현을 들었을 때, 아주 기본적인 재료를 가지고 새로운 뭔가를 만든다는 생각이 들어요. 그것을 사회적인 문맥에 집어넣는다면, 뭔가를 새롭게 시작하는 것을 생각할 수 있겠죠. 쉽게 생각해서 start from zero라는 말이죠.

- I made the cake from scratch. 케이크를 처음부터 만들었어.

- I started from scratch and made the whole thing.
  난 처음부터 시작해서 모든 것을 만들었어.

- I'll create it from scratch. 처음부터 시작해서 그것을 만들어 낼 거야.

단어 & 표현

dough 도우, 밀가루 반죽 rather than ~ ~보다

hang in there 버티다, 견뎌내다
유사표현 keep trying, don't give up

MP3 & 동영상 확인

Hang in there!

힘내!

이 표현은 현재 힘든 상황에 있는 사람에게 격려의 표현으로 '힘내!' 정도의 의미를 가지고 있어요. 학교 시험 기간에서 힘들어하는 친구에게 "Hang in there. School exams are almost over!(힘내. 학교 시험 거의 끝났어!)"처럼요. hang 에는 '~에 매달리다'라는 의미가 있는데 절벽에서 뭔가에 매달리고 있는 상황을 생각해보면서 '(힘들지만) 조금만 참아!' 정도로 생각을 하면 기억에 오래 남을 거예요.

Luke	You look really tired.
Jen	It's because I've had a lot of stress at work. I've been working overtime all week.
Luke	That sounds tough. **Hang in there**, my friend!
Jen	Don't worry. I can handle this.

루크	너 정말 피곤해 보인다.
젠	왜냐면 직장에서 스트레스 많이 받아서 그래. 일주일 내내 야근했어.
루크	힘들어 보인다. 힘내, 친구야!
젠	걱정 마. 나 잘 극복할 수 있어.

 **룩룩 쌤의 코멘트**

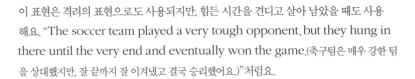

이 표현은 격려의 표현으로도 사용되지만, 힘든 시간을 견디고 살아 남았을 때도 사용해요. "The soccer team played a very tough opponent, but they hung in there until the very end and eventually won the game.(축구팀은 매우 강한 팀을 상대했지만, 잘 끝까지 잘 이겨냈고 결국 승리했어요.)"처럼요.

- 이렇게 '힘들지만 ~을 견디다, 버티다'라고 할 때 전 stick it out이라는 표현도 즐겨 사용해요. 예를 들면 "I know things are tough now, but if we stick it out, it will be okay.(나도 상황이 힘든 거 알아, 하지만 우리가 이 시기를 잘 극복하면, 다 괜찮을 거야.)"처럼요.
- 격려할 때 또 많이 사용하는 표현들이 있죠. Don't give up, Keep trying, Cheer up, Keep your chin up, Keep it up, Keep up the good work!

 원어민의 코멘트

Peter

친구가 힘들 일을 겪고 있을 때 사용하는 표현이에요. 힘들더라도 계속 밀고 나가면 결국 '나아질 거야'라고 응원하는 거죠. 예를 들면, 만약 연인과 깨져서 너무 슬플 때, 친구들이 "Just hang in there!"라고 할 수 있겠죠. 한국말로 '파이팅!' 하고 많이 비슷한 거 같아요.

- I hung in there until the end. 난 끝까지 버텼어.
- Keep hanging in there! 계속 버텨!
- Just hang in there and things will work out. 조금만 참으면 일이 잘 풀릴 거야.

단어 & 표현

work overtime 시간 외 근무하다, 야근하다(= work late, stay late) tough 힘든
handle ~ ~을 잘 다루다, 극복하다

heart-to-heart 마음을 터놓고 하는 대화

유사표현 personal conversation, private conversation, man-to-man

MP3 & 동영상 확인

Let's have a heart-to-heart conversation.

진지하게 이야기해보자.

heart-to-heart는 정말 친한 친구, 가족, 연인들과 하는 진지한 대화라는 말인데요. 이런 진지한 이야기를 자주 하지는 않죠. 정말 서로를 많이 위해 주는 관계의 진지한 대화에서 사용하시면 돼요. 엄마한테 오랫동안 연락을 못하다가 오랜만에 연락이 되어서 진지한 대화를 했어요. heart-to-heart conversation을 한 거죠.

Erin	How was your dinner with your sister?
Luke	It was really good. After we had a few drinks, we had a very deep **heart-to-heart** conversation.
Erin	Wow, that sounds great. Are you guys closer now?
Luke	Yes, I think after last night, our relationship is much stronger.

에린	여동생하고 저녁은 어땠어?
루크	괜찮았어. 술 몇 잔 한 다음, 정말 깊게 진지한 이야기를 나눴어.
에린	와우, 정말 잘 된 것 같은데. 이제는 좀 가까워졌어?
루크	응, 어젯밤 이후로, 우리 관계가 훨씬 더 돈독해진 거 같아.

heart-to-heart는 그 자체로 사용도 되고, 본문처럼 heart-to-heart conversation 이라고 사용되기도 합니다. "We had a heart-to-heart.", "We had a heart-to-heart conversation." 둘 다 가능하죠.

- heart-to-heart라는 표현은 가볍게 사용되지 않아요. 정말 깊고, 솔직하고, 감정적인 대화가 정말 가까운 관계에서 일어나는 거죠.
- eye-to-eye도 매우 많이 사용하는 표현인데요. 보통 see eye-to-eye라고 사용하고 '견해 가 일치하다'라는 의미에요. 상대방을 존중하면서 말을 할 때 많이 사용하죠. I just don't see eye-to-eye with you on this one.(이것에 관해서는 난 당신과 의견이 달라요.)

이 표현은 두 사람이 정말 깊고, 진지한 이야기를 한다는 말이죠. 이 말은 쉽게 말하면 "I wouldn't tell this to other people but, I'm telling you.(내가 다른 사람들에게는 말을 하지 못하지만 너한테만 말하는 거야)" 정도의 느낌이에

Peter

요. 사랑하는 사람이 죽었거나, 직장에서 직업을 잃었거나 하는 큰일이 있을 때 정말 믿을 수 있는 친구나, 가족에게 가서 heart-to-heart 대화를 하고 충고를 구하죠.

- We had a heart-to-heart conversation. 우리는 마음을 터놓고 진지한 대화를 했어.
- Let's have a heart-to-heart. 진지한 대화를 하자고.
- He had a heart-to-heart conversation with her.
  그는 그녀와 진솔한 대화를 나누었어.

단어 & 표현

relationship 관계

1 대화를 통해 배우는 핵심 표현

Chapter 8 에서 학습한 표현을 복습하며 응용해 보세요.

break up	hang in there
figure out	heart-to-heart
start from scratch	

Ethan   Hey Mike, I really need to talk to you. Can we have a serious **heart-to-heart** conversation?

Mike   Sure, is something wrong?

Ethan   Sarah and I just **broke up**.

Mike   What happened?

Ethan   I guess we've been growing apart for a while now. We fought a lot on our trip to France, too.

Mike   Wow, I'm so sorry to hear that.

Ethan   I feel pretty lost now. We've been dating for so long that I forgot what it's like to be single.

Mike   Don't worry. I think you need to **figure out** your priorities first. Find something to focus on, like work or a hobby.

Ethan   I know that, but it will just be so hard to **start** a relationship **from scratch** again.

Mike   **Hang in there**! It is always hardest at first, but things will definitely get better.

Ethan   Thanks, Mike. I appreciate it.

에단   마이크, 너랑 대화 좀 해야겠어. 좀 진지한 대화 좀 할 수 있을까?

마이크   그럼, 뭐 문제 있니?

에단   사라하고 나 최근에 깨졌어.

마이크   어떻게 된 거야?

에단   한동안 좀 사이가 멀어졌던 거 같아. 또 프랑스 여행 가는 중에 많이 다퉜어.

마이크   오우, 안됐네.

에단   나 정말 멘붕이야. 너무 오랫동안 걔랑 데이트해서 혼자가 되는 게 어떤 건지 모르겠어.

마이크   걱정 마. 너에게 정말 중요한 것들이 뭔지 이해할 필요가 있는 거 같아. 일이나 취미같이 뭔가 집중할 수 있는 뭔가를 알아봐.

에단   나도 알아. 근데 다시 누군가를 처음부터 사귀기 시작하는 것은 어려울 거야.

마이크   힘내! 항상 처음이 가장 어려워. 근데 확실히 더 나아질 거야.

에단   고마워, 마이크. 고맙다.

grow apart 사이가 멀어지다 on one's trip to ~ ~로 여행 가는 도중에 I feel lost. 멘붕이야.
what it's like to ~ ~이 어떤 건지 priority 우선순위 at first 처음에는

2 서포터즈들의 Q&A

Q1 Unit 036 Mark and I broke up earlier today.

earlier today라는 표현과 later today라는 표현을 좀 더 확실히 이해하고 싶어요. 많이 사용하는 표현인가요?

원어민들이 아주 많이 사용하는 표현이에요. 예를 들어 제가 지금 책을 쓰고 있는데(현재 시각 2시) 오전에는 강의를 했어요. 그러면 "Earlier today, I had a class."라고 할 수 있겠죠. 보통 2~3시간 전 정도의 느낌이 들긴 하지만 절대적인 건 아니에요. 그리고 저녁에는 아이들하고 함께 산책을 할 거예요. 그러면 "Later today, I will take a walk with my kids."라고 할 수 있는 것이죠. 이것을 응용하면 earlier this week(이번 주 초), later this week(이번 주 후반), earlier this month, later this month 등으로 응용할 수 있어요.

Q2 Unit 038 pizza

제가 pizza 발음을 '피자'라고 하는데 원어민들이 못 알아 들어요. 어떻게 발음해야 하는 거죠?

한국 사람들이 실수하는 발음들을 정리하면 거의 공통적으로 실수하는 발음들이 있어요. 그중 하나가 바로 pizza이죠. QR 코드를 스캔해서 영상을 확인해보세요. pizza뿐만 아니라 많이 실수하는 women, 그리고 debt(빚)도 함께 영상을 보면서 공부해보세요.

Q3 Review Sarah and I just broke up.

'Sarah하고 나하고' 할 때 Sarah and I로 하고 I and Sarah라고 하면 어색하다고 알고 있는데요. 이렇게 순서가 바뀌면 어색하게 들리는 것들 좀 정리해 주세요.

나하고 누구를 같이 말할 때 보통 ___ and I로 표현하죠. 캐주얼한 대화에서는 Me and Luke처럼 종종 Me를 앞으로 보내서 말을 하기도 해요. 그런데 이게 일반적인 것이지, 꼭 규칙으로 정해진 것은 아닙니다. 한국어로도 남녀노소라는 것이 있죠. 영어도 남녀를 men and women이라고 합니다. 소년, 소녀들 역시 남자를 먼저 써서 boys and girls라 하죠. 그러면 혹시 신사 숙녀 여러분이라고 할 때는 어떻게 말할까요? 그땐 ladies and gentlemen이라고 하죠. 빵과 버터는 bread and butter라고 하지 butter and bread라고 하면 어색하게 들립니다.

9

Argument
논의

dwell on ~을 곱씹다

유사표현 obsess, fixate on

MP3 & 동영상 확인

Don't dwell on the past.

과거에 연연하지 마.

dwell이라는 단어는 원래 어디에서 오래 살고, 많은 시간을 보낸다는 의미가 있어요. 우리가 뭔가에 dwell on한다는 것은 보통 안 좋은 일에 대해서 너무 오랫동안 생각하고 시간을 보내는 것을 의미해요.

Luke	I got a really bad grade on my test.
Erin	Didn't you get the grade back for that test two weeks ago?
Luke	Yeah, I can't get it off my mind. I worked so hard on that test, but still got a bad grade.
Erin	Well, there is no use **dwelling on** the past. Start studying for the next test!
Luke	You're right.

루크	시험 성적이 정말 너무 안 나왔어.
에린	2주 전에 성적 받아본 거 아니었어?
루크	응, 떨쳐버릴 수가 없어. 정말 열심히 시험 준비했는데, 여전히 성적이 좋지 않아서.
에린	음, 과거에 연연해봤자 아무런 소용없어. 다음 시험 준비 시작해!
루크	네 말이 맞다.

사람들이 과거에 대해서 생각하고 시간을 보내는 것은 매우 쉽게 볼 수 있죠. 과거에 연연하면 발전이 없죠. 현실에 대한 불평만 더 하게 되고요. 그래서 이렇게 **dwell on the past** 하는 사람들에게 move on이라는 표현을 사용해서 "You should move on!"이라고 해보세요. 이 말은 '이제 (안 좋은 일은) 잊어버리고 나아가야지!'라는 의미예요.

- "Let it go."라는 표현도 매우 많이 사용하는데 '그만 잊어버려' 정도의 의미라고 생각하시면 돼요.
- "Don't hold on to the past!" 역시 '과거에 집착하지 마'라는 표현이에요.

Peter

이 표현은 뭔가를 잊지 못할 때 사용할 수 있어요. 계속 생각하고, 계속 이야기하고, 항상 마음속에 있는 거죠. 상황이 끝났는데도 생각을 하는 거예요. 기억나는 일이 있는데, 제가 거리를 걷고 있었어요. 그런데, 두 아주머니께서 제가 한국말을 못 하는 줄 알고 제 흉을 보는 거였어요. 모르는 척했지만, 그 주 내내 계속 생각이 나면서 힘들었어요.

- He's been dwelling on it all day. 그는 하루 종일 그것에 몰두를 해오고 있다.
- It's important not to dwell on the past. 과거에 연연하지 않는 것은 중요하다.
- It's no good dwelling on your mistakes. 실수에 연연하는 것은 좋지 않다.

단어 & 표현

get ~ off my mind ~을 (마음에서) 떨쳐버리다   there's no use -ing ~해봤자 소용없다

get along 잘 지내다
유사표현 socialize, have fun, like

MP3 & 동영상 확인

Can't we all just get along?

우리 서로 그냥 잘 지내면 안 될까?

get along은 누구와 잘 지내는 거예요. 여러분이 get along하기 쉬운 사람이라면(easy to get along) 사람들은 아마도 여러분을 좋아하고, 당신은 주변에 친구가 많을 거예요. along이라는 단어는 함께 뭔가를 향해서 같이 가는 느낌을 주는 단어예요. go along(함께 가다), walk along(같이 걷다), come along(참여하다)처럼 말이죠.

Erin	What do you think of Sarah?
Mark	I like her! We **get along** really well.
Erin	That's good to hear, especially after you went through that bad break up.
Mark	Yes, you're right.

에린   사라에 대해서 어떻게 생각해?
마크   나 걔 좋아! 우리 정말 잘 지내.
에린   듣던 중 반가운 소리네. 특히 네가 여자친구와 끔찍한 이별을 겪고 나서 말이야.
마크   어, 맞아.

룩룩 쌤의 코멘트　　　　　　　　　　이것도 꼭 알아두세요!

get along은 정말 많이 사용하는 표현이에요. 보통 새로운 관계가 잘 진행된다고 할 때 많이 사용해요. 엄마가 새로운 학교에 들어간 아들에게 '너 잘 지내지?'라고 할 때 "Are you getting along well with your classmates?"라고 물어볼 수 있겠죠.

- 이 표현과 함께 같이 알면 좋은 표현을 설명드릴게요. 학교에 전학을 가서 존이라는 친구를 만났어요. 그 친구를 만나고 이야기를 해보니, 취미도 비슷하고 성격도 비슷하고, 죽이 딱 맞았어요. 이럴 때 "We hit it off right away."라고 할 수 있어요. 이런 경우는 나중에 get along 하는 경우가 일반적이죠. hit it off는 맨 처음 만난 사람과 아주 잘 맞을 때 사용하는 표현이에요. 이런 사람들이 그렇게 많진 않죠.

원어민의 코멘트　　　　　　　　　　원어민은 이렇게 사용해요!

이 표현을 정말 너무 많이 사용해서 다른 식으로 표현하는 것을 생각하기가 어렵네요. 상대방이 있어서 서로 즐겁게 잘 지낼 때 이 표현을 사용하죠. 친구들에게 항상 물어보죠. "Oh how did the first date go? Did you guys get along?(첫 데이트 어떻게 됐어? 잘 맞았어?)" 그러면 이렇게 대답할 수 있겠죠. "We hit it off right away." 또는 "We just clicked."

- **Are you guys getting along?** 너희들 사이좋게 잘 지내지?
- **We got along really well.** 우리 정말 잘 지냈어.
- **I think you'll get along with her.** 그녀하고 잘 지낼 수 있을 거야.

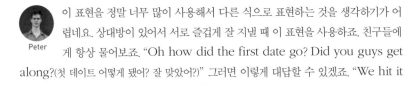

go through ~ ~을 겪다　bad break up 끔찍한 이별

043

speak one's mind 심중을 털어 놓고 이야기하다
유사 표현 have one's say, come out with,
let their voice be heard

MP3 & 동영상 확인

Always speak your mind.

항상 솔직하게 말해!

이 표현은 상대방이 나한테 정말 솔직한 의견을 말했으면 할 때 사용해요. 종종 우리는 솔직하게 말하는 것에 대해서 부담을 느끼죠. 긴장해서 그럴 수도 있고 혹시나 상대방이 오해할 수 있으니 그럴 수도 있죠. 이럴 때, '걱정 마! 솔직히 말해 봐!'라고 말할 때 "Speak your mind!"라고 할 수 있어요. 말 그대로 속에 있는 것을 말하라는 거죠.

Jen	My boyfriend is driving me crazy from watching TV all day.
Luke	Did you tell him?
Jen	No...
Luke	Well you need to tell him. It's important to **speak your mind** in relationships.
Jen	You're right. He probably can't read my mind.

젠	내 남자친구가 정말 미치게 한다. 맨날 TV만 봐.
루크	말했어?
젠	아니...
루크	말해야 해. 관계에서 서로 솔직하게 말하는 건 중요하거든.
젠	네 말이 맞아. 걔는 내 마음을 잘 모르는 거 같아.

룩룩 쌤의 코멘트

이것도 꼭 알아두세요!

솔직하게 말하라는 것은 결국 '솔직해지자'는 거죠. 그래서 "Let's be honest.", "Tell me what you really think.", "Let's be real." 정도의 표현이 비슷한 표현이에요. 전 가끔은 너무 지나치게 솔직한 편인데요. 이럴 때 "Luke is very straightforward."라고 할 수 있어요. 그리고 그런 사람을 straight shooter라고 합니다.

• 이것과 좀 헷갈릴 수 있는 표현이 바로 confess라는 표현인데요. 이 표현은 상대방이 뭔가를 숨기는 것이 있을 거 같을 때 '솔직히 말해봐', '자백해' 이런 느낌의 표현이에요. 어제 분명 다른 여자하고 술을 마시는 것을 봤는데 남편이 시치미를 뗄 때 "Come on! I know what you did last night. Just confess!"라고 말할 수 있어요.

원어민의 코멘트

원어민은 이렇게 사용해요!

Peter

전 항상 입과 뇌는 바로 연결되어 있다고 상상을 해요. 필터가 없어요. 말하는 것을 참지 않는 거죠. 생각하는 것이 무엇이든 그냥 말해 버리는 거예요. 친구들이 나한테 '야! 이 옷 멋지냐?'라고 하면 난 '솔직하게 말할게.(I'm going to speak my mind.) 너 뚱뚱하게 보이고, 정말 거지 같다.'고 말해요. 너무 솔직했나?

• It's important to speak your mind. 솔직하게 마음을 털어놓는 것은 중요해.

• She never speaks her mind. 그녀는 절대로 마음을 터놓지 않아.

• I always speak my mind. 난 항상 솔직하게 터놓고 말해.

단어 & 표현

drive me crazy 날 미치게 하다
read one's mind 누군가의 마음을 읽다, 알아차리다

hold a grudge 뒤끝 있다
유사표현 stay angry, bitterness, hatred, malice

MP3 & 동영상 확인

It's never good to hold a grudge.

마음에 담아 두는 건 절대 좋은 거 아니야.

이 표현은 논쟁을 하거나 싸우고 나서 시간이 지났는데도 계속 그 화난 감정 (grudge)을 담아 두는 거예요. 보통은 시간이 지나면 그것을 잊어버리는데, 그게 잘 안 되면 고통이 될 수도 있습니다. 이럴 때는 또 "Don't dwell on the past. (과거에 연연하지 마.)"라고도 할 수 있겠죠. (Unit 41에서 배운 표현)

Jen   Are you and your wife coming to Sam's party tonight?

Luke   I don't think we can go.

Jen   Why not?

Luke   My wife doesn't get along with Sam.

Jen   Really?

Luke   They used to be friends a long time ago, but they got in a fight about something and I think my wife still **holds a grudge** against him.

젠   오늘 밤에 아내랑 샘 파티에 올 거야?
루크   아니, 못 갈 거 같아.
젠   왜 못 오는데?
루크   아내가 샘이랑 잘 못 어울려.
젠   그래?
루크   오래 전에 친구였는데, 뭐 가지고 싸웠대. 아내가 아직 걔한테 억하심정이 있는 거 같아.

룩룩 쌤의 코멘트

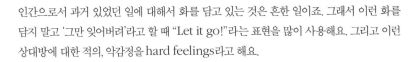
이것도 꼭 알아두세요!

인간으로서 과거 있었던 일에 대해서 화를 담고 있는 것은 흔한 일이죠. 그래서 이런 화를 담지 말고 '그만 잊어버려'라고 할 때 "Let it go!"라는 표현을 많이 사용해요. 그리고 이런 상대방에 대한 적의, 악감정을 hard feelings라고 해요.

· hold a grudge하고 있는 거 같은 친구한테, '너 나한테 아직도 악감정 있니?(Do you still hold a grudge against me?)'라고 물어볼 수 있죠. 대답으로 '아니, 너한테 안 좋은 감정 없어'라고 할 때는 "No hard feelings."라는 표현을 사용할 수 있어요. 아니면 더 간단하게 "I'm cool." 이렇게도 하죠.

원어민의 코멘트

원어민은 이렇게 사용해요!

Peter

이 표현은 누구에게 화가 났고, 오랫동안 용서를 못 할 때 사용할 수 있어요. 보통, 친구 사이나 심지어는 가족들 사이에서도 종종 봐요. 몇 년 전에 있었던 일인 거 같은데 그것에 대한 화를 여전히 가지고 있는 것은 성숙하지 못한 행동이죠.

· She held a grudge against him for a long time.
  그녀는 오랫동안 그한테 악감정을 가지고 있었어.

· Don't hold a grudge about it. 그거에 대해 나쁜 감정 갖지 마.

· I don't hold a grudge against him. 난 그한테 꽁해 있지 않아.

단어 & 표현

get along with ~ ~와 잘 지내다

jump to conclusions 성급한 결론을 내리다, 속단하다
유사 표현 uneducated guess, misjudge

MP3 & 동영상 확인

Don't jump to conclusions.

단정 짓지 마.

이 표현은 충분한 정보도 없이 결론을 내릴 때 사용합니다. 보통 우리가 놀랍고 흥분한 상황이 되었을 때 판단력이 흐려지죠.(Your judgement gets clouded.) 그럴 때는 진정하고(calm down) 마음을 다잡고(collect your thoughts) 그리고 판단을 해야겠죠.

Luke   I came home today and my car was gone! Someone must have stolen it!

Jen   Don't **jump to conclusions**. Maybe your wife just borrowed it for a while.

Luke   I'll call her right now. [...] You were right. She borrowed it. I shouldn't have freaked out.

Jen   I told you.

루크   오늘 집에 왔는데 차가 없어졌어! 누가 훔쳐 갔나 봐!
젠   단정 짓지 마. 네 아내가 한동안 빌려 갔을 수도 있잖아.
루크   내가 전화해볼게. (전화 후) 네 말이 맞네. 아내가 빌려 갔어. 괜히 흥분했네.
젠   내가 말했잖아.

jump to conclusions처럼 뭔가를 급하게 하는 경우 in a rush라는 표현을 배웠었죠. 여기서 rush를 동사로 사용해서 rush to conclusions이라고 해도 같은 표현이에요.

- jump가 들어가는 표현 중에 jump the gun이라는 표현이 있어요. 100미터 경주를 생각해보세요. 심판이 총(gun)을 들고, 빵! 하죠. 그런데 가끔 미리 출발하는 사람이 있어요. 이런 친구에게 "Don't jump the gun."이라고 하면 되는데, 이 표현은 나아가서 너무 성급히 뭔가를 하는 경우에도 사용할 수 있어요.

원어민의 코멘트　　　　　　　　원어민은 이렇게 사용해요!

Peter

이 표현은 뭔가를 알기 전에 '그럴 거야'라고 가정할 때 사용할 수 있어요. 보통 사람들이 매우 감정적일 때 이렇죠. 이미 뭔가 안 좋은 것이 발생할 거라고 생각하고, 다른 가능성을 생각하는 대신에 잘못된 결론을 내리죠. 뭔가 발생하기 전에 미리 결정하는 것처럼 말이죠. 남자친구가 다른 여자랑 커피를 마신다고 무조건 바람피운다고 하는 것은 jump to conclusions 하는 거겠죠.

- He always jumps to conclusions.　그는 항상 성급하게 결론을 내려.

- Before I jump to conclusions, can I ask you something?
  결론을 내리기 전에, 질문 좀 해도 될까?

- My boss jumped to conclusions when he saw Brad sleeping.
  상사는 브래드가 자는 것을 보고 성급하게 결론을 내렸다.

단어 & 표현

be gone 없어지다　must have p.p. ~ ~했겠네(과거 있었던 일에 대한 확신)
borrow 빌리다　should've have p.p. ~ ~하지 말았어야 했는데, 괜히 ~했네(과거에 대한 후회)
freak out 흥분하다, 기겁하다

 **대화를 통해 배우는 핵심 표현**

Chapter 9 에서 학습한 표현을 복습하며 응용해 보세요.

dwell on **get along** **speak one's mind**	**hold a grudge** **jump to conclusions**

💬 Post break up

Ethan   Hey Sarah, how are you?

Sarah   I'm doing okay, how are you?

Ethan   I'm doing alright.

Sarah   I hope there are no hard feelings between us. I want us to be friends, even though we aren't dating anymore.

Ethan   Me too. I'd rather we **get along** with each other than **dwell on** the past.

Sarah   That's good. Can I ask you an honest question then?

Ethan   Sure. **Speak your mind**.

Sarah   I saw you with another girl a few weeks ago. Are you dating her?

Ethan   Don't **jump to conclusions**! That was my sister.

Sarah   Oh, I see. I feel embarrassed now. To be honest, I **held a grudge** about that for a while now.

Ethan   Well, you have nothing to worry about.

💬 깨지고 난 후에

에단	사라, 어떻게 지내?
사라	잘 지내. 넌?
에단	괜찮아.
사라	우리 서로 안 좋은 감정 없었으면 좋겠어. 비록 더 이상 사귀는 건 아니지만, 친구로 남았으면 좋겠는데.
에단	나도 그래. 과거에 얽매이지 말고 서로 잘 지내는 게 더 낫지.
사라	좋아. 그럼 솔직한 질문을 해도 될까?
에단	그럼. 터놓고 말해봐.
사라	너 몇 주 전에 다른 여자하고 있는 거 봤는데. 너 걔랑 사귀니?
에단	속단하지 마! 내 여동생이었어.
사라	아, 그렇구나. 창피하네. 솔직히, 한동안 그거 마음에 담아두고 있었거든.
에단	음, 정말 걱정할 거 아무것도 없어.

No hard feelings. 안 좋은 감정 없어., 기분 나쁘지 않아. I'd rather ~ than... … 보다 ~ 하겠어
date ~와 데이트하다. 사귀다 embarrassed 당황한, 식겁한
to be honest 솔직히

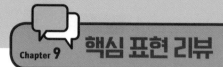

2 서포터즈들의 Q&A

Q1 Unit 041 Yeah, I can't get it off my mind.

get it off my mind는 내 마음속에서 떨쳐낼 수 없다는 말인 거 같은데, get it off my head라고 해서 '머릿속에서 지울 수 없었어', '떨쳐낼 수 없었어'라는 식으로 말할 수는 없는 건가요?

원어민이 이해는 할 수 있겠지만 get it off my head는 많이 나오는 표현은 아니에요. 그러니 누구나 많이 사용하는 get it off my mind를 사용하세요. 사실 mind, head가 함께 사용되는 표현들이 있긴 있어요. 무엇인가 갑자기 떠올랐을 때 It just popped into my head.라고도 하지만, It just popped into my mind.라고 해도 되거든요. 물론 이때 더 많이 사용하는 표현은 It just came to mind.예요. 누군가의 생각이 계속 내 머릿속에 있을 때 She's on my mind all day. 식으로 말할 수 있어요. What's on your mind?는 뭔가 고민에 잠겨 있는 친구에게 '뭐가 그렇게 걱정이야?' 정도의 느낌이에요. 이때는 mind 대신 head라고 하지 않습니다.

Q2 Unit 045 Maybe your wife just borrowed it for a while.

for a while이라는 표현이 많이 사용되는데 정확하게 감이 안 와요. 그리고 in a while이라는 표현도 들어본 적이 있는데 어떤 차이가 있는 거죠?

for a while은 '한동안'이라는 표현이에요. 그 기간의 한정은 없어요. 검색해보니 '일시', '잠시 동안'이라고 나와 있는데 잘못된 거예요. 문맥과 그 사람의 말투에 따라서 몇 분이 될 수도 있고 몇 년이 될 수도 있는 것이죠. 정말 짧은 시간을 나타낼 때는 a moment, a second를 사용해요. '잠깐만요'는 "Just give me a second.", "Hold on a second.", "Do you have a moment?" 식으로 말하죠. in a while이라는 표현은 after a while 하고 비슷한 의미예요. 하지만 문맥에 따라 느낌은 살짝 다를 수 있어요. I'll see you in a while.이라는 표현은 I'll see you later. 정도의 느낌으로 나중에 봬(다음에 또 만나는 것을 기대하는 느낌)', I'll see you after a while.은 별로 기대하는 느낌이 들지는 않아요. in의 느낌이 어떤 한계 내에 있는 느낌이니 좀 더 가까이 다가오는 느낌이 들죠. 그리고 in a while은 (Every) once in a while(가끔씩)이라는 표현도 많이 사용되죠. 그리고 in a while이 나오는 경우는 누구를 한동안 보지 못했을 때 전화로 I haven't spoken to you for a while.이라고 할 수도 있지만 I haven't spoken to you in a while.이라는 표현도 사용 가능해요. 여기서는 in a while도 자연스럽죠.

hit it off 죽이 맞다
유사표현 get along, sync, click

MP3 & 동영상 확인

It looks like they really hit it off.

딱 보니까 걔들 잘 통하는 거 같네.

이 표현은 두 사람이 맨 처음 만났을 때 사용해요. 서로 화기애애하고 정말 잘 지
낸다면, hit it off한 거죠. 사람들이 항상 hit it off하진 않지만 그렇게 죽이 맞
는 사람을 만나면 참 시간이 빨리 가죠. hit이라는 것이 빠르게 때리는 것이니 관
계에서 이렇게 빠르게 뭐가 잘 진행되는 느낌을 보면 기억하기 쉬울 거예요.

Luke How was your date the other day?

Jen I thought it would be kind of awkward, but we really **hit it off**!

Luke What did you guys talk about?

Jen We joked around and laughed a lot.

Luke Good thing I introduced you guys.

루크 요전 데이트 어땠어?
젠 좀 어색할 거라고 생각했는데. 정말 우리 금방 죽이 잘 맞았어!
루크 무슨 이야기했어?
젠 이것저것 농담도 하고 웃기도 많이 했어.
루크 너희들을 서로 소개하길 잘했네.

룩룩 쌤의 코멘트

hit it off는 get along하고는 약간 차이가 있어요. 사람들이 get along한다고 꼭 화기애애하다는 건 아니에요. 그냥 서로 싫어하지 않고, 그냥 잘 지낸다는 말이죠. 반면에 hit it off는 두 사람이 서로 정말 좋아하고 같은 취미, 관심사를 가지고 있는 거죠. hit it off 하는 사람들을 발견하는 것은 상대적으로 쉽지 않아요. 그리고 hit it off는 두 사람이 처음 만났을 때 만 사용한다는 것도 잊지 마세요.

- 이성간에 끌리는 뭔가가 있다고 할 때 chemistry를 사용할 수 있어요. 우리 몸에서 끌리는 사람에게는 호르몬이 나오죠. 이 호르몬은 몸에서 나오는 chemistry죠. 그래서 "I have chemistry with her."이라고 하면 그녀한테 매력을 느낀다는 표현이에요. 간단하게 "I have feelings for her."라고도 해요.

원어민의 코멘트

Dylan

이 표현은 여러분이 처음 딱 만난 사람과 바로 통할 때 사용해요. 벌써 좋은 친구가 될 거란 걸 알죠. 이 말은 서로 다시 보고, 만난다는 것을 의미하죠. 저는 어떤 친구와 처음 만나자마자 hit it off했어요. 왜냐면 같은 관심사들(interests)을 공유하기 때문이죠. 또 같은 음악을 좋아하고, 스포츠 경기도 많이 봐요. 이렇게 공통 관심사가 아주 많아서(have so much in common) 서로 가깝게 지내기가 쉬웠죠.

- I'm glad they hit it off. 그들이 죽이 잘 맞아서 기쁘다.
- Did you guys hit it off? 너희들 죽이 잘 맞았어?
- I hope the two of them hit it off. 걔들 둘이 죽이 맞으면 좋겠다.

단어 & 표현

awkward 어색한   joke (around) 농담하다   (It's) a good thing (that) ~ ~하길 잘했네

047

go out of someone's way 비상한 노력을 하다

유사표현 put extra effort, bend over backwards, go the extra mile

MP3 & 동영상 확인

He always goes out of his way to make her feel special.

그는 항상 그녀를 특별하게 만들기 위해서 궂은일도 마다하지 않는다.

이 표현은 그냥 내가 갈 길(my way)로만 가면 되는데 굳이 그 길을 벗어나서(out of) 어떤 사람을 위해서 뭔가를 해주는 것을 생각하면 쉽게 기억할 수 있을 거예요. 그만큼 상대방을 위해서 생각을 해주는 거죠. 정말 사려 깊고 친절한 행동이에요.

Luke   Did you meet Carrie's sister?

Jen   Yeah, she was one of the nicest people I've ever met.

Luke   I know. Every time I meet her, she **goes out of her way** to do something special for me. Last time she brought me homemade soup because she heard I was sick.

Jen   She's so thoughtful.

루크   너 캐리 누나 봤어?

젠   응, 내가 만난 사람들 중에서 최고로 나이스한 사람들 중에 한 명이었어.

루크   나도 알아. 매번 만날 때마다 굳이 그렇게 할 필요가 없는데도 뭔가 특별한 걸 해주려고 해. 지난번에 내가 아프다는 말을 듣고 집에서 직접 만든 수프를 가져왔어.

젠   정말 너무 배려 깊어.

상대방을 정말 지나칠 정도로 배려해 주는 사람들이 있죠. 이런 사람들에게 어울리는 표현이 **go out of his/her way**입니다. go above and beyond도 above, beyond를 생각하면 뭔가 더 이상을 해주는 느낌이 들죠.

· 이렇게 배려 깊은 사람들을 thoughtful, considerate한 사람이라고 하죠. 그리고 간단하게 care about을 사용해서 "Mom cares about me a lot.(엄마가 날 정말 많이 생각해요.)" 이렇게 말하면 엄마가 정말 나를 위해 많이 생각하는 것이 느껴질 수 있어요.

원어민의 코멘트   원어민은 이렇게 사용해요!

Dylan

만약 누군가가 당신을 위해서 go out of their way를 했다면, 당신을 위해서 특별한 것을 해주는 걸 의미해요. 할 거라고 기대 안 했는데 그것을 할 때 사용해요. 그것을 보면 그 사람이 어떤 사람인지 알 수 있으며, 이는 항상 긍정적인 의미예요. 그렇게 할 필요가 없었는데, 그런데도 하는 거죠.

· I went out of my way to buy her the ring.
  난 굳이 그럴 필요 없었지만 그녀에게 반지를 사주었다.

· My parents went out of their way to pick me up.
  굳이 그러지 않아도 되는데 부모님이 나를 픽업 나오셨다.

· She went out of her way to do it for me.   그녀가 무리해서 나를 위해 그것을 해줬다.

단어 & 표현

every time 주어+동사 ~할 때마다   soup 수프   thoughtful 사려 깊은

make fun of ~을 놀리다

유사표현 insult, ridicule, poke fun at, bullying

MP3 & 동영상 확인

Everyone made fun of John's haircut.

모든 사람들이 존의 머리를 놀렸어.

make fun of는 상대방을 놀리고 모욕하는 거예요. 상황에 따라서 그냥 장난 삼아서 농담으로 놀리고 하는 것이 될 수도 있어요. 문맥과 상황을 보고 판단하면 되겠죠. have fun은 '즐겁게 시간을 보내다'라는 표현이니 주의하세요.

Luke   Jayden got called up to the principal's office today.

Erin   Why?

Luke   It seems like he was **making fun of** one of his classmates at recess and made her cry.

Erin   I'm going to have a talk with him.

루크   제이든이 오늘 교장실로 불려갔어.
에린   왜?
루크   보니까 걔가 쉬는 시간에 같은 반 친구를 놀려서, 걔를 울렸대.
에린   한번 이야기 좀 해야겠네.

룩룩 쌤의 코멘트

친구들 사이에 서로 놀리는 것(make fun of each other)은 일단 편안한 관계가 되면 쉽게 볼 수 있죠. 이때 making fun하는 것은 서로에게 상처를 주는 게 아니지만, 상황에 따라서는 상대방에게 큰 상처를 줄 수 있죠. 뚱뚱하다고 놀리고, 못생겼다고 놀리고, 그리고 공부를 못한다고 놀리고 이 모두 다 조심하셔야 하겠죠.

- make fun of와 비슷한 표현 중 많이 나오는 tease와 mock이라는 표현이 있어요. 물론 make fun of 만큼 빈도가 높진 않아요. 날 놀리는 사람에게 "Stop making fun of me!"라고도 할 수 있지만, "Stop teasing me.", "Stop mocking me."도 다 가능해요.

원어민의 코멘트

Dylan

이 표현은 긍정적일 수도 부정적일 수도 있는 표현인데요. 누구를 향해서 막 웃으면(laugh at) 그걸 듣는 상대방은 기분이 많이 안 좋겠죠. 하지만 서로 함께 같이 농담을 하면서 웃는 것(laugh with)은 전혀 문제가 되지 않죠. 전 절친들하고 자주 농담하고 서로 놀리고 그래요. 그러면서 오히려 관계가 더 강화되기도 하거든요.

- Don't make fun of me! 나 놀리지 마!

- She made fun of my clothes. 그녀가 내 옷을 놀려댔어.

- They are making fun of the man. 그들이 그 남자를 놀리고 있어.

단어 & 표현

get called up 불려가다   principal's office 교장실   recess 쉬는 시간
have a talk with ~ ~와 진지하게 이야기 나누다

run into ~와 우연히 만나다

유사표현 unexpected encounter, stumble on, bump into

I ran into her at the store today.

오늘 가게에서 걔하고 우연히 마주쳤어.

우리가 누구를 run into하는 것은 서로 의도하지 않았는데 아는 누군가를 갑자기 만났을 때 사용할 수 있어요. 물론 run into 다음에 사물이 나올 수도 있어요. 예를 들어 run into a store이라고 하면 말 그대로 정말 달려서 가게 안으로 뛰어드는 거죠. 또 run into some issues라고 하면 예상치 않은 문제를 접한다는 의미가 됩니다. 하지만 보통 사람을 우연히 마주칠 때 많이 사용하는 표현이에요.

Luke	Guess who I **ran into** today.
Erin	Who?
Luke	Greg, our old homeroom teacher! Remember him?
Erin	I haven't seen him in six years!

루크 　내가 오늘 누구 만났게?
에린 　누구?
루크 　우리 담임 선생님, 그레그! 기억해?
에린 　그 선생님 6년 동안 못 봤는데!

룰룰 쌤의 코멘트

run into는 무언가에 실수로, 우연히 부딪친다는 의미예요. 그게 사람이면 우연히 마주치는 것이고 그게 사물이라면 실수로 부딪치는 것이죠. 실수로 벽에 부딪쳐서(run into a wall) 머리를 다치는 것처럼요.

• 비슷한 표현 중 누구를 우연히(by chance) 만날 때는 bump into도 많이 사용하고, 뭔가를 우연히 발견할 때는 come across와 stumble on이라는 표현을 사용해요.

원어민의 코멘트

Dylan

한동안 못 본 사람을 우연히 마주칠 때가 있죠. 그들을 예상하지 못했던 곳에서 만나죠. 이것은 긍정적일 수도, 부정적일 수도 있어요. 만약, 새로운 여자친구와 있는데 전 여자친구를 우연히 마주쳤다면, 별로 좋은 상황은 아니죠.

• I ran into him on the street. 길에서 우연히 걔랑 마주쳤어.

• They ran into each other last night. 어젯밤에 그들은 우연히 만났어.

• Maybe I'll run into them later. 그들하고 나중에 (우연히) 마주칠지도 모르지.

단어 & 표현

homeroom teacher 담임 선생님

pay back 갚다, 돌려주다, 상환하다
유사표현 compensate, reimburse, give back

MP3 & 동영상 확인

I'll pay you back for that coffee.

내가 그 커피 갚을게.

누가 저에게 뭔가를 사주거나, 친절할 일을 베풀었을 때 보통 "I'll pay you back."이라고 답변을 해요. 우리가 정말로 보답하지 않더라도 그렇게 말하는 것은 예의이죠. 보통 돈을 이야기할 때 많이 사용하지만, 상대방의 친절처럼 눈이 보이지 않는 것에 대해서 답변할 때도 같은 표현을 사용해요.

Luke   Hey guys, since John paid for all of our concert tickets, I think we should all **pay** him **back** by doing something nice for him.

Erin   That's a good idea. What should we do?

Mark   I was thinking we could throw him a little surprise party and order food from his favorite restaurant.

Erin   I'll call the restaurant.

루크   얘들아, 존이 우리 콘서트 티켓 다 샀으니, 우리도 걔를 위해서 뭔가 해줘야 할 거 같은데.
에린   좋은 생각이야. 뭘 해야 할까?
마크   깜짝 파티를 하고, 걔가 가장 좋아하는 식당에서 음식을 주문하는 것을 생각했는데.
에린   내가 식당에 전화해볼게.

이 표현은 상대방이 해준 거에 대해서 고마워서 '내가 다음에 갚을게'라는 의미잖아요. 그러면 "I owe you one."이라는 표현을 사용해도 좋을 거 같아요. "I owe you big time."이라고 하면 '내가 정말 너에게 큰 빚을 졌다'라는 의미인데 달리 말하면 '너한테 큰 신세 졌어' 이렇게도 해석할 수 있겠죠.

- 이 표현은 상대방이 나에게 뭔가 화나게 하는 행동을 했을 때도 사용할 수 있어요. 그러면 내가 '되갚아 주겠어!' 이렇게 말을 할 수 있잖아요. "I'll pay you back."처럼 사용할 수 있죠. 이때는 "I'll get even with you."처럼 get even with라는 표현도 많이 사용해요.

Dylan

만약 누군가가 당신에게 뭔가를 베풀었다면 pay back(되갚다)해야 하죠. 그것이 돈이든 아니면 비슷한 가치가 있는 친절한 행동이든 말이죠. 제 생각엔, 좋은 관계라는 것은 서로 주고받는 거(give and take)라고 생각해요. 누가 저녁을 사 줬으면 다음번에는 여러분이 사주는 거죠. 그리고 또 상대방이 술을 사준다든지.

- Can you pay me back for the meal? 식사비를 갚을 수 있어?

- I will pay you back tonight. 오늘 밤에 갚을게.

- He never paid me back. 그는 절대 갚지 않았어.

단어 & 표현

throw a party 파티를 열다   surprise party 깜짝 파티

 대화를 통해 배우는 핵심 표현

Chapter 10 에서 학습한 표현을 복습하며 응용해 보세요.

hit it off **go out of someone's way** **make fun of**	**run into** **pay back**

Kelly   Hey Ethan! You should come to the concert with us this weekend.

Mike   Yeah, Ethan. You've been sitting around being sad about Sarah for too long. It's about time you came out with us.

Ethan   I don't really feel like it...

Kelly   It will be really fun. I also have a friend I want to introduce you to. I think you guys will really **hit it off**.

Mike   Kelly really **went out of her way** to get these tickets, so you have to come.

Kelly   A lot of our other friends are going, too! We will probably **run into** Carrie and Dylan too.

Ethan   Alright, fine. That sounds like fun. How much do I owe you for the concert ticket?

Kelly   You can **pay** me **back** later.

Mike   By the way, did you guys see Dylan's new haircut? It's crazy. We should **make fun of** him when we see him.

Ethan   That would be hilarious.

켈리	이봐 에단! 이번 주에 콘서트 같이 갔으면 하는데.
마이크	그래, 에단. 너 한동안 사라에 대해서 너무 오랫동안 슬퍼하고 있어. 이제 우리하고 같이 나가서 놀자고.
에단	별로 그러고 싶지 않아...
켈리	재미있을 거야. 너를 소개해 주고 싶은 친구도 있어. 너희들 정말 죽이 잘 맞을 거 같아.
마이크	켈리가 정말 힘들게 우리를 위해서 얻은 티켓이야. 그러니까 너도 가야 해.
켈리	다른 많은 친구도 가거든! 우리 아마도 캐리와 딜런하고도 마주칠 수도 있어.
에단	좋아, 알았어. 재미있을 거 같네. 콘서트 표 얼마야?
켈리	나중에 갚아도 돼.
마이크	아참, 너 딜런 새로운 머리 스타일 봤어? 장난 아냐. 걔 보면 놀리자.
에단	정말 웃기겠다.

sit around 하는 일 없이 지내다 for too long 너무나 오랫동안 It's about time ~ 드디어 ~할 때야
How much do I owe you? 내가 얼마 빚졌지? hilarious 정말 웃긴

추가 설명 보기

Chapter 10 핵심 표현 리뷰

2 서포터즈들의 Q&A

Q1 Unit 046 How was your date the other day?

the other day에 뜻을 정확히 모르겠어요. 설명 좀 부탁드려요.

영영사전을 찾아보면 a few days ago라고 나와있어요. 느낌은 2~3일 정도 전, 길게는 일주일 전, 그 이상도 the other day라고 할 수는 있어요. 그러면 the other night는 어떤 의미일까요? the other night 는 2~3일 전 밤을 말한다고 생각하시면 됩니다. 응용해서 '최근에', '얼마 전에'라는 표현들을 정리해볼 필요가 있는데요. 일단은 '요즘에'라는 의미는 these days라는 표현을 사용해요. It's hard to find jobs these days.(요즘 직장 잡는 게 어려워.) recently는 '최근에'라는 말이지만 최근에 일어난 시간상의 한 점을 말하는 거예요. I recently graduated from college.(나 최근에 대학 졸업했어.) 반면에 lately는 일반적으로 최근에 계속 일어나고 있는 일을 말할 때 사용해요. I've been depressed lately.(최근에 계속 우울했어.) 그리고 a while을 사용해서 a while ago라고 하면 '얼마 전에'라는 표현인데, a little while ago라고 하면 정확하게 언제인지 말하는 것은 아니지만 느낌상은 the other day, recently, these days보다는 조금 더 과거에 발생한 느낌이 들어요. 하지만 이것도 딱 정해진 것이 아니기 때문에 문맥을 꼭 보셔야 합니다.

Q2 Review It's about time you came out with us.

It's about time 뒤의 절에 came이라는 과거 동사가 나왔는데요. 자세한 설명 부탁드립니다!

이 표현은 단독적으로 뭔가를 기다리던 일이 마침내 일어났을 때 '드디어', '이제서야' 정도의 느낌으로 말할 때 사용 가능합니다. 그리고 이 표현은 'It's about time S(주어) + V(동사)'로 말할 수 있는데 이때 동사는 보통 과거시제를 씁니다. 쉽게 말하면 이미 그럴 시간이 지났는데 안 하고 있다는 긴급성을 내포하고 있죠. 이때 about을 빼고 "It's time."이라고 해도 좋아요. "It's almost midnight. It's about time we went home.(거의 자정이네. 집에 빨리 가야지.)", "Hurry up! It's time we left.(서둘러! 이미 가야 할 시간이야.)"처럼요.

051

play it by ear 그때그때 상황에 맞게 처리하다
유사표현 improvise, impromptu, wing it

MP3 & 동영상 확인

Let's play it by ear.

상황 봐서 결정하자.

유명한 작곡가인 베토벤을 한번 상상해보세요. 보통은 악보가 있어야 연주를 하는데, 이 천재는 음악이 나오면, 바로 그것을 따라서 즉석에서 ear(귀)로 듣자마자 play it(연주)해요. 그래서 play it by ear는 '즉흥적으로 무언가를 하다'라는 표현이에요. 확장이 되어서 '그때 되면 결정하자'의 의미로 많이 사용이 되죠.

Jen	Are you coming to the party on Friday?
Luke	I really want to, but I'm swamped with work. I might have to stay late on Friday night.
Jen	That sucks. Let me know.
Luke	Yeah, I'll **play it by ear** and let you know if anything changes.

젠	금요일날 파티에 오니?
루크	정말 가고 싶어. 근데 나 할 일이 태산이다. 금요일 밤에 늦게까지 일해야 할지도 몰라.
젠	안됐다. 나한테 알려줘.
루크	응, 그때 상황 봐서 결정할게. 변동되는 게 있으면 알려줄게.

룩룩 쌤의 코멘트
이것도 꼭 알아두세요!

'뭔가를 즉석에서 하다'라는 의미의 표현들이 몇 가지가 있어요. 보통 원어민들이 wing이라는 표현을 많이 쓰는데요. 예를 들어 발표가 있는지 모르고 하나도 준비를 안 했는데, 갑자기 발표를 하게 되었어요. 이때 '그냥 하지 뭐!'의 느낌으로 "I'm going to wing it."이라고 할 수 있어요. 이때 wing이라는 표현 대신에 improvise라는 표현도 사용할 수 있어요.

• 즉흥 연주, 즉흥 발표 등 뒤에 있는 연주, 발표 등과 함께 사용하는 표현이 있는데요. impromptu performance, impromptu speech라고 해요.

원어민의 코멘트
원어민은 이렇게 사용해요!

이 표현은 '즉흥으로 하다(improvise)'라는 의미예요. 만일 제가 아무런 계획이 없다면, 뭔가를 play it by ear할 거 같아요. 친구들한테 메시지 보내서 만나고 싶은지 물어보고 답장 있으면 만나고요. 결국 이 표현은 뭘 할지 몰라서, '그래 이거 하자'하고 순간적으로 결정할 때 사용할 수 있는 표현이에요.

Kelly

• I'll play it by ear tonight. 오늘 밤에 되는대로 할 거야.

• Let's just play it by ear. 그냥 상황 되는대로 하자.

• These days we kind of just play it by ear. 요즘, 우리는 그냥 즉흥으로 일을 처리해.

단어 & 표현

be swamped with ~ ~로 바쁘다, ~이 산더미다 stay late 늦게까지 일하다(= work late)
That sucks. 안됐다.

rain check 다음 기회에, 경기·공연 등이 비가 와서 취소될 경우 나중에
쓸 수 있도록 주는 티켓

유사표현 postpone, push back, put off, delay

MP3 & 동영상 확인

I'll take a rain check.

다음 기회로 미뤄야겠네.

이 표현은 스포츠 경기에서 비가 와서 중간에 갑자기 경기가 중단되었을 때 rain check을 주면서, '다음에 이거 가지고 오시면 관람하실 수 있어요'라고 말한 것에서 나온 것이에요. 그게 확장이 되어서 누가 초대했는데 갈 수 없는 상황일 때, 하지만 정말 다음에는 꼭 가고 싶은 상황에서 사용할 수 있어요. "Can I take a rain check?(다음으로 미뤄도 될까요?)"처럼요. 물론 마음에는 없어도 예의상으로 말하기도 해요.

Erin	Hey, I know I said I could go to the movies tonight, but I have to take a **rain check**.
Luke	Oh. Is everything okay?
Erin	Yeah, I just got called into work at the last minute.
Luke	That's a bummer.
Erin	I'm really sorry!
Luke	It's okay, we'll go next time.

에린	야, 내가 오늘 밤 영화 보러 갈 수 있다고 한 건 아는데, 나 미뤄야 해.
루크	오, 괜찮은 거야?
에린	응, 막판에 갑자기 일하러 나오래.
루크	안됐네.
에린	정말 미안!
루크	괜찮아, 다음 기회에 가지.

룩룩 쌤의 코멘트　　　　　　　　이것도 꼭 알아두세요!

'계획을 미루다'라는 표현은 매우 많이 사용하죠. 보통 postpone, put off, delay 등을 사용하는데, 일단 postpone은 보통 비즈니스 상에서 많이 사용되죠. 그리고 연기하는데 충분한 이유가 있죠. "Our meeting was postponed."처럼요. delay가 사용되는 경우는 비행기가 연착된다고 할 때 "The flight was delayed because of fog.(안개 때문에 연착이 되었어요.)"라고 할 수 있어요. put off는 주로 게을러서 미루는 듯한 느낌이에요. "Don't put it off till tomorrow!(할 일을 내일까지 미루지 마!)"라는 느낌으로요.

- 원어민이 '미루다'라는 표현으로 가장 많이 사용하는 것은 push back 또는 move back이에요. "Can I push back our meeting to next Monday?(다음 주 월요일로 미팅을 미뤄도 될까요?)" 그럼 '앞당기다'는? push up, move up을 사용하면 됩니다.

원어민의 코멘트　　　　　　　　원어민은 이렇게 사용해요!

Kelly

뭔가를 나중으로 미룰 때 이 표현을 많이 사용해요. 오늘은 타이밍이 좋지 않으니 다음에 시간이 있을 때 뭔가를 하는 거죠. 가끔은 그냥 "Rain Check?"이라는 메시지도 받는데요, 그 말은 '다음에 할까?'라는 표현이라고 생각하시면 되죠.

- I'll have to take a rain check on that. 다음 기회로 미뤄야 할 거 같아.

- He can't go so he'll take a rain check. 걘 갈 수 없어서 다음 기회를 이용할 거야.

- Rain check! 다음에!

단어 & 표현

got called into work 직장에서 나오라는 연락을 받다　at the last minute 막판에
(That's a) bummer. 안됐다. (실망스러운 일을 당했을 때 사용)

053

the calm before the storm 폭풍 전야
유사표현 peace, tranquility

MP3 & 동영상 확인

It's the calm before the storm.

폭풍 전야다.

보통 뭔가 큰일이 있기 전, 고요한 상황을 생각해보면 되겠죠. 예를 들어 전쟁이 발발하기 전에 평화롭고 고요한 상황에서 calm before the storm이라는 표현이 적절하겠네요. 생일 축하 파티 전 집에서 조용히 친구들을 기다리는 조용한 시간은 the calm before the storm이겠죠.

Luke	I can't believe you are getting married tomorrow.
Jen	I know. Everything happened so fast.
Luke	It must have been really stressful to plan. But you actually look pretty calm now.
Jen	I guess it's just **the calm before the storm**. I'm pretty anxious about tomorrow.
Luke	I'm sure everything will be fine.
Jen	I hope so.

루크	네가 내일 결혼한다니 믿기지 않네.
젠	나도 알아. 너무 모든 게 빨리 진행이 되었어.
루크	계획하는 게 정말 스트레스였겠네. 근데 지금은 되게 편안해 보인다.
젠	폭풍 전야인 거 같기도 하고, 내일 일 긴장이 많이 되거든.
루크	다 괜찮을 거야.
젠	나도 그랬으면 좋겠다.

엄마가 집에서 커피를 마시며 책을 보고 있어요. 그런데 이 상황은 오래 지속되지는 않겠죠. 곧 아이들이 들이닥칠 테니까요. "Mom is enjoying the calm before the storm."

- 보통 크리스마스가 있는 12월 바로 전 달인 11월은 사람들이 소비를 많이 하지 않아서 경기가 침체되는데요. 그때 "November is usually the calm before the storm."이라고 할 수 있겠죠.

원어민의 코멘트　　　　　　　　　원어민은 이렇게 사용해요!

Kelly

전 이것을 보통은 부정적으로 생각해요. 모든 것이 조용하고 괜찮아 보이지만, 안 좋은 일이 발생할 거라고 예측하는 거죠.

- Be careful, this is just the calm before the storm.
  조심해. 이거 폭풍 전 고요함이야.

- It might be the calm before the storm. 폭풍 전 고요함일 수 있어.

- It's the calm before the storm before something big happens.
  뭔가 큰일이 벌어지기 전 폭풍 전의 고요함이라고.

단어 & 표현

stressful 스트레스가 많은　calm 침착한　anxious 긴장한, 불안한

rain or shine 비가 오든 날이 개든, 날씨에 관계없이, 어떤 일이 있더라도
유사표현 no matter what, regardless of the circumstances

MP3 & 동영상 확인

It will happen rain or shine.

무슨 일이 있어도 그건 일어날 거야.

이 표현은 rain, shine처럼 실제로 '비가 오든, 날이 맑든'이라는 날씨 상황에 상용이 가능해요. 예를 들면 "The concert will happen, rain or shine."이라고 하면 '날씨가 어떻든 콘서트는 열립니다.'라는 말이죠. 그런데 이게 확장이 되어서 '어떤 일이 있더라도'라는 말로 사용이 되죠. 예를 들면 "He is always there for you, rain or shine."이라고 하면 어떤 일이 있더라도 그는 항상 너를 위해서 있어준다는 말이죠.

Luke	Hey, can you make it to the baseball game this weekend?
Erin	I think so, but isn't it supposed to rain this weekend?
Luke	Yeah, but the game is happening **rain or shine**.
Erin	Oh okay then, I'll be there. Should I bring an umbrella?
Luke	I don't think they are allowed, but our seats are covered from the rain.
Erin	Sounds good!

루크	이번 주말에 야구 경기 갈 수 있어?
에린	갈 수 있을 거 같긴 한데, 이번 주에 비 온다고 하지 않았어?
루크	응. 근데 게임이 날씨에 관계없이 열려.
에린	오, 그럼 갈게. 우산 가지고 가야 할까?
루크	우산은 반입이 안 될 거야. 근데 우리 좌석은 비 안 맞아.
에린	잘 됐네!

'무슨 일이 있더라도'라고 하면 no matter what happens라는 표현이 생각이 나요. 또는 regardless of what happens라고 해도 좋아요. 예를 들면 본문 대화에서 "The game is happening rain or shine."은 "The game is happening no matter what (happens)."라고 할 수 있죠. 아니면 "The game is happening regardless of weather conditions."라고 해도 좋아요.

- 이것은 사랑하는 사람에게도 쓸 수 있죠. Rain or shine, I will always love you.
- rain or shine은 앞에 써도 되고, 뒤에 써도 됩니다.

원어민의 코멘트　　　　　　　　원어민은 이렇게 사용해요!

Kelly

간단하게, 이 의미는 '무슨 일이 있더라도'라는 말이에요. '비가 오나 눈이 오나 항상 5시에 일어나는 사람이 있어요. "He always get up at 5, rain or shine." 이라고 할 수 있겠죠.

- He is always working, rain or shine.　비가 오나 눈이 오나, 걘 항상 일을 해.
- I'll see you on Saturday, rain or shine.　무슨 일이 있어도 토요일날 보는 거다.
- The event is happening rain or shine.　그 행사는 비가 오나 눈이 오나 합니다.

단어 & 표현

make it 가다, 참석하다　be supposed to ~하기로 되어 있다

bright side 밝은 면, 긍정적인 부분
유사표현 silver lining, good side, hopeful prospect

MP3 & 동영상 확인

Look on the bright side!

긍정적으로 봐봐!

살다 보면 힘들 때가 많죠. 그럴 때 부정적으로 생각하는 것이 아니라 긍정적인 것을 생각하는 게 매우 중요하죠. 이렇게 힘들 때 '밝게 생각해', '긍정적으로 생각해봐'라는 의미로 사용하는 표현이에요.

Luke	I'm going back home to California next week.
Jen	You must be excited.
Luke	Not really actually. I'm going because my grandmother is getting really sick.
Jen	Oh, I'm so sorry. Look on the **bright side**, though, at least you get to see your family and friends back home.
Luke	Yeah, You're right. I am excited to see my friends at least.

루크	다음 주에 캘리포니아에 돌아갈 거야.
젠	정말 신나겠네.
루크	사실 그렇진 않아. 할머니가 아파서 가는 거라서.
젠	오, 미안. 근데 긍정적으로 봐봐, 적어도 고향에서 가족과 친구들을 볼 수 있잖아.
루크	응, 네 말이 맞아. 적어도 친구들을 볼 수 있어서 신나.

룩룩 쌤의 코멘트

'긍정적'이라고 생각하면 positive가 생각이 나실 거예요. '희망을 잃지 마!', '긍정적으로 생각해!'라고 할 때, "Stay positive!"라는 표현을 많이 사용하죠. 이것과 비슷한 표현은 positive의 반대인 negative를 사용해서 "Don't be so negative!"라고도 할 수 있어요.

- an optimistic person은 낙천적인 사람이죠. 반대로 인생을 비관적으로 사는 사람을 우리는 a pessimistic person이라고 해요.

- "Every cloud has a silver lining."이란 표현도 비슷한 표현인데 안 좋은 상황(cloud)도 결국 시간이 지나면 빛(silver lining)이 있다는, 쥐구멍에도 볕들 날 있다는 한국어 속담과 일맥상통하는 표현이죠.

원어민의 코멘트

Kelly

on the bright side라는 말을 할 때마다, 그 뒤에는 긍정적인 내용이 등장하죠. 예를 들면, "I got fired from work because I was always late, but on the bright side, I didn't like that job anyway. (나 항상 지각해서 회사에서 잘렸어. 근데 긍정적으로 보면, 나 어쨌거나 별로 그 일을 좋아하지 않았거든.)"처럼 이 표현은 안 좋은 상황에서 밝은 측면(positive side)을 본다는 의미예요.

- Look on the bright side. At least he is happy.
  밝은 측면을 봐. 적어도 그는 행복하잖아.

- She is always looking on the bright side. 항상 그녀는 밝은 면을 봐요.

- Try to look on the bright side. 밝은 면을 보려고 노력해봐.

단어 & 표현

at least 적어도 get to + 동사 ~할 기회를 얻다

 대화를 통해 배우는 핵심 표현

Chapter 11 에서 학습한 표현을 복습하며 응용해 보세요.

play it by ear **rain check** **the calm before the storm**	**rain or shine** **bright side**

💬 The day of the concert

Mike   I think it might rain tonight.

Ethan   Are they going to cancel the concert if it rains?

Kelly   No. The concert will go on **rain or shine**, but we might get a little wet.

Ethan   At least it's not raining right now.

Mike   It might just be **the calm before the storm**. Should we bring umbrellas?

Kelly   Let's **play it by ear**. If it doesn't end up raining, it will be annoying to carry them around all day.

Ethan   Good idea. Look on the **bright side**, at least the weather is a bit cooler.

Kelly   Oh, by the way, the girl I wanted to introduce you to had to take a **rain check**. Her name is Samantha.

Ethan   What happened?

Kelly   She got sick at the last minute and had to cancel.

Ethan   That's a shame.

Kelly   She still wants to meet you, though. She said she's free on Sunday.

Ethan	That works for me.
Mike	Ethan looks nervous.
Ethan	Shut up, Mike.

💬 콘서트 날

마이크	오늘 밤에 비가 올지도 모르겠는데.
에단	비 오면 콘서트 취소하려나?
켈리	아니. 콘서트는 날씨와 관계없이 진행될 거야. 근데 비 좀 맞겠지.
에단	적어도 지금은 비가 오지 않잖아.
마이크	아마 폭풍전야일 수도 있지. 우산 가져가야 할까?
켈리	상황 봐서 결정하자. 만약 비가 오지 않으면, 종일 가지고 다닌 게 좀 짜증 날 거야.
에단	좋은 생각이야. 긍정적으로 봐봐, 적어도 날씨가 좀 시원해졌잖아.
켈리	아 참, 내가 소개해주고 싶다던 여자애 말이야. 이번에 못 나온대. 이름은 사만다야.
에단	어떻게 된 건데?
켈리	걔가 막판에 아파서 취소해야 했거든.
에단	안됐네.
켈리	그래도 걘 여전히 널 만나길 원해. 일요일에 시간 있다고 말했어.
에단	난 (그렇게 하는 거) 괜찮아.
마이크	에단이 긴장돼 보이는데.
에단	입 다물어, 마이크!

carry ~ around ~을 가지고 다니다 at the last minute 막판에
That's a shame. 아쉽다.. 안타깝다. That works for me. 난 (그렇게 하는 거) 괜찮아.

2 서포터즈들의 Q&A

Q1 Unit 052 I have to take a rain check.

미루다', '앞당기다'라는 표현을 보통 우리가 알고 있는 postpone, delay, put off보다 push back을 사용하고, '앞당기다'라는 표현은 push up이라는 표현을 사용한다고 했는데 좀 더 예를 들어 구체적인 설명을 해주셨으면 좋겠어요.

제가 원어민 Peter와 영상을 제작해 봤습니다. 영상을 보시면 확실한 이해가 되실 거예요. QR코드를 스캔해서 추가 설명을 확인해보세요.

Q2 Unit 053 I can't believe you are getting married tomorrow.

원어민들이 I can't believe가 들어가는 표현을 많이 사용하던데요. 어떨 때 사용하면 좋을지, 그리고 그것에 대한 예도 좀 들어주세요.

어떤 상황을 강조할 때, 또는 놀라움, 실망 등으로 할 말을 잃었을 때 사용 가능해요. 해석은 '믿을 수가 없네', '어떻게 그럴 수 있지?' 정도의 느낌이 듭니다.

- I can't believe you passed the test. 네가 시험을 합격하다니 믿을 수가 없네.
- I can't believe you lied to me. 네가 나한테 어떻게 거짓말을?

Q3 Unit 054 Hey, can you make it to the baseball game this weekend?

여기서 make it은 '어떤 행사에 올 수 있다'라는 의미로 사용이 된 거 같은데요. make it이라는 표현을 유튜브나 미드를 공부할 때 도 많이 들어 봤는데 많이 사용하는 문장 몇 가지 설명해 주세요!

make it 자체가 다양한 의미로 사용이 되고 실제로 대화에서 많이 사용하는 표현이랍니다.

- If we run, we can make it to the meeting. 달리면 미팅에 제때 도착할 수 있어. (제때 도착하다)
- I'm sorry but I can't make it to your party. 미안한데 네 파티 못 갈 거 같아. (~에 가다)
- I can't believe she made it to the top. 걔가 정상까지 올랐다니 믿을 수 없어. (성공적으로 해내다)
- I knew you would make it. 난 네가 성공할 줄 알았어. (성공하다)
- Make it quick. We're on deadline. 빨리해. 마감일이 코앞이야. (빨리해)

trendsetter 유행의 선도자

유사 표현 leader, innovator, trailblazer, pioneer

She's such a trendsetter.

걔는 정말 유행을 선도하는 애야.

이 표현은 어떤 분야에서 유행을 선도하는 사람을 말하는 거예요. trend(유행)와 set(만들다) 그리고 뒤에 er(~하는 사람), 그래서 trendsetter는 유행을 선도하는 사람이라는 뜻입니다. 유행을 따라가는 사람은 trend follower라고 하면 되겠죠. 아니면 someone who follows the trend라고 풀어서 나타내도 되겠죠. follow the trend는 '유행을 따르다'라는 뜻이에요.

Luke　What is that you're wearing?

Jen　This? It's the newest smartwatch. It tracks everything you do and can almost replace your phone.

Luke　You're such a **trendsetter**, Jen. How do you find out about all these new things?

Jen　I just stay up to date with a lot of fashion sources, like magazines, blogs, and social media.

Luke　That's too much for me. I think I'll just steal the latest trends from you.

Jen　That's fine with me.

루크　차고 있는 거 뭐야?
젠　이거? 새로운 스마트워치야. 우리가 하는 걸 다 추적, 기록하고 거의 전화기를 대체할 수도 있어.
루크　젠, 넌 정말 넌 유행 선도자다. 어떻게 이 새로운 모든 것을 발견하는 거야?
젠　난 잡지나, 블로그, SNS 등 패션 관련한 최신 정보를 습득해.
루크　나한테는 그걸 다 소화하는 게 벅차. 너한테서 최신 유행을 좀 보고 따라하면 어떨까 하는데.
젠　좋아.

룩룩 쌤의 코멘트

이것도 꼭 알아두세요!

뭔가를 앞에서 이끌고 나아가는 사람을 leader라고 하죠. 보통 leader는 회사의 CEO, 나라의 대통령, 반의 반장 등이 떠오르지만 **trendsetter**는 새로운 패션에서 리더가 되고, 어떤 기계를 먼저 사용했는데 다른 사람이 따라 하는 그런 경우에 많이 사용해요.

• 참고로 pioneer, trailblazer라는 표현도 새로운 것을 도전해서 만들어 내는 사람이라는 의미죠. 스티브 잡스는 소위 말하는 스마트폰을 최초로 시작했죠. "Steve Jobs was a trailblazer/pioneer."라고 할 수 있겠네요. 하나 더 추가하면, 이렇게 만들어낸 기술을 가장 먼저 사용하려는 사람들이 있죠. 이런 사람들을 early adopter라고 해요.

원어민의 코멘트

원어민은 이렇게 사용해요!

Kelly

trendsetter는 항상 패션의 최첨단을 달리는 사람을 말해요. 새로운 유행을 선도하는 사람이죠. 꼭 패션에 제한되진 않아요. 모든 게 될 수 있어요. 그렇다고 그냥 새로운 것을 입는다고 해서 다 trendsetter가 되진 않아요. 사람들이 좋아하고 따라 해야 하죠. 새로운 것을 입고 나갔는데 아무도 비슷한 옷을 입지 않아요. 그러면 trendsetter가 아니죠. fashionista라는 표현도 패션을 선도하는 사람이라는 의미가 있는데 이 단어는 패션에만 사용이 되죠.

• He is always a trendsetter. 그는 항상 트렌드를 선도하는 사람이야.

• Famous people are often trendsetters. 유명한 사람들은 종종 트렌드를 선도해.

• You need to be current on fashion to be a trendsetter.
트렌드를 이끌려면 항상 패션에 관한 현재 흐름을 알아야 한다.

단어 & 표현

track ~을 추적하다, 기록하다 stay up to date 최신 정보를 유지하다
That's fine with me. 난 괜찮아. (보통 요청에 답할 때 사용)

Chapter12 •• Clothes 옷 **177**

draw the line 한계를 긋다
유사표현 set a limit, refuse to accept, stop short of

This is where I draw the line.

이게 내가 정한 한계선이야.

draw(그리다), the line(선), '선을 그리다'가 되죠. 우리가 보통 지켜야 할 선이 있다고 하죠. 그리고 나라와 나라 사이에도 국경이 있죠. 국경도 선으로 되어 있죠. 그리고 누가 나에게 도움을 부탁할 때도 내가 해줄 수 있는 선이 있다고 하죠. 이렇게 선을 그린다는 것은 뭔가를 정하고, 한계를 짓는다는 의미예요.

Luke	What's the craziest thing you've ever eaten?
Erin	When I was in Thailand, I ate a scorpion. After that, I ate a big spider in Cambodia.
Luke	Oh my gosh! Maybe I could eat a scorpion, but I **draw the line** at eating spiders.
Erin	They were actually pretty good!

루크	지금까지 먹어 본 거 중에서 최고로 말도 안 되는 게 뭐였어?
에린	태국에 있었을 때, 전갈을 먹었거든. 그 후에, 캄보디아에서 큰 거미를 먹었어.
루크	세상에나! 전갈은 먹을 수도 있을 거 같긴 한데, 거미는 내 한계다.
에린	사실 꽤 맛있었어!

룩룩 쌤의 코멘트　　　이것도 꼭 알아두세요!

저는 이 표현을 생각하면 cross the line(선을 넘다)이라는 표현이 생각나요. 누군가가 너무 지나치게 선을 넘은 행동을 하면 화가 나죠. 신입사원을 뽑았는데 늦어서 경고를 했는데요 계속 늦으면 정말 이 친구는 cross the line한 거죠.

· line이 들어가는 표현 중 a fine line이라는 표현도 종종 볼 수 있는데요. fine이라는 것이 '좋은'이라는 의미도 있지만 '아주 작은'이라는 의미도 있어요. 그래서 a fine line이라고 하면 미세한 선, 결국 확장되어서 미세한 차이를 말할 때 많이 사용하죠. 친구한테 농담을 할 때 적당한 것은 funny(웃긴)하지만 지나치면 rude(무례)할 수 있죠. 그때 "There's a fine line between funny and rude."라고 해요.

원어민의 코멘트　　　원어민은 이렇게 사용해요!

Kelly

이 표현은 내가 받아들일 수 있는 한계점을 말하는 거예요. 예를 들면, 많은 여자들이 하이힐을 신고 있어요. 그런데 저는 3인치, 또는 4인치가 넘어가면 불편해서 신을 수가 없어요. 그래서 저는 3~4인치에서 draw the line해요. 또 다른 예는, 술을 마실 때 주량이 '나 소주 1병이야'라고 하잖아요. 그러면 소주 1병에서 draw the line하는 거죠.

· I'm okay with noise but I draw the line at fighting.
난 소음은 괜찮지만 싸우는 것은 참을 수 없다.

· He drew the line at dressing like a girl.
그는 여자처럼 옷 입는 것에 대해서는 거부했다.

· Where do you draw the line? 어디가 네가 허락할 수 있는 선이야?

단어 & 표현

scorpion 전갈　Oh my gosh! 세상에!

dress up (보통 때보다 더) 옷을 갖춰 입다, 격식을 차려 입다
유사표현 dress nice, dress formally

MP3 & 동영상 확인

I love dressing up!

나 옷 빼입는 거 좋아해.

인터뷰가 있거나, 중요한 데이트, 미팅이 있거나 할 때 우리는 평소보다 쫙 빼입죠.
이렇게 평소보다 나이스하게, 약간 정장 스타일로 입을 때 dress up이라는 표현
을 사용해요. dress up이라는 것은 상대적인 것이기 때문에 평소에 티셔츠만 입
다가 위에 재킷만 걸쳤어도 그 사람은 dress up한 게 될 수도 있다는 거죠.

Luke	Hey Erin, my work is hosting a big Christmas party. Would you like to come with me?
Erin	Yeah, that sounds great! When is it?
Luke	It's next Saturday. It's a formal event so make sure you **dress up**.
Erin	That sounds like so much fun. I know the exact dress that I'll wear for it.

루크	에린, 우리 회사에서 크리스마스 파티 여는데. 나랑 같이 갈래?
에린	그래, 좋아! 언제인데?
루크	다음 주 토요일이야. 공식적인 행사니까 꼭 옷을 차려 입고 와야 해.
에린	정말 재미있겠는걸. 내가 뭘 입어야 하는지 정확히 알아.

룩룩 쌤의 코멘트

dress up이라고 해서 정장만 생각하진 마세요. 파티 드레스가 될 수도 있고, 핼러윈 행사 같은 곳에서 입는 것도 dress up이라는 표현을 사용할 수 있어요. 쉽게 말하면 특정한 행사에 맞게 옷을 입을 때 사용하면 되겠죠. 여기서 dress down이라고 하면 그냥 집에서 바깥에서 입었던 옷을 벗고 편안하게 입고 있는 느낌이 들어요. 바깥에 나가는 친구한테 '편안하게 입어!'라고 하면 "Dress casually!"라고 하시면 되겠네요.

* 회사에는 회사에서 지켜야 할 dress code가 있죠. 그리고 클럽에 갈 때도 그냥 슬리퍼 신고 갈 수는 없죠. 이렇게 어떤 곳에서 지켜야 하는 복장 규정을 dress code라고 해요.

원어민의 코멘트

Kelly

보통 결혼식이나 데이트 같은 특별한 날에 우리는 옷을 빼입죠(dress up). 또 다른 종류의 dress up이 있어요. 자주 열리는 파티 같은 경우는 dress up한다고 해서 정말 평소와 많이 다르게 입지는 않아요. 예를 들어 예술가 친구가 지난주에 전시회를 해서 차려 입고 갔어요. 전 평소 때보다 좀 더 괜찮은 옷을 입고 갔어요.

* You don't have to dress up. It's a casual interview.
  너 옷 갖춰 입지 않아도 돼. 캐주얼한 인터뷰야.

* Are you going to dress up for your date? 데이트 가는데 빼입고 갈 거야?

* She dressed up for the party. 그녀는 파티 가는데 쫙 빼입었다.

 단어 & 표현

host 주최하다, 열다 formal 공식적인
That sounds like so much fun. 정말 재미있을 거 같아.

double-check 재확인하다
유사 표현 confirm, verify

Make sure you double-check your work!

Double Check!

일한 거 다시 한번 확인하는 거 잊지 마!

중요한 뭔가를 할 때, 실수를 하면 안 되죠. 그러려면 자신이 한 일을 다시 check 해야겠죠. 이렇게 double(두 번)이라는 표현을 사용해서 double-check이라고 하면 다시 한번 check하라는 말이에요. 그리고 이것을 더 강조하면 triple-check이라고도 할 수 있겠네요.

Luke	Are you ready for your trip to England?
Jen	Yup! I'm really excited.
Luke	Did you pack everything? Make sure you **double-check** that you have your passport.
Jen	Okay, I will.

루크	영국으로 여행 갈 준비됐어?
젠	응! 정말 흥분되는데.
루크	가방은 다 쌌어? 여권 챙겼는지 꼭 다시 한 번 확인해.
젠	알았어, 그럴게.

double-check이라는 표현은 동사로 사용이 되지만, 명사로도 사용 가능해요. "Make sure you do a double-check."이라고 할 수 있죠. 하지만 "Make sure you double-check."처럼 double-check은 동사로 더 많이 사용돼요.

- double-check에서 그냥 check만 사용해도 괜찮아요. 대화에서 "Make sure you double-check that you have your passport."를 "Make sure to check you have your passport."라고 해도 되죠. 단, double-check가 나오면 강조하는 게 돼요. "Check one more time."이라고 하면 바로 double-check인 거죠.
- 이렇게 뭔가를 꼼꼼하게 챙기는 사람을 말할 때 "He's very meticulous."라고 합니다.

원어민의 코멘트   원어민은 이렇게 사용해요!

Kelly

이건 그냥 모든 걸 제대로 하라는 말이죠. 중요한 데이트에 나가기 전에 거울 앞에서, 혹시나 바지 지퍼가 열리진 않았는지(Your fly is open), 셔츠에 때가 묻진 않았는지 double-check해야겠죠.

- Double-check that you have your passport before you travel.
  여행하기 전에 여권 챙겼는지 다시 체크해.

- Make sure you double-check your work. 일 다시 한번 체크해.

- Can you double-check for me? (날 위해) 다시 한번 확인해 줄래?

단어 & 표현

pack 짐을 싸다   passport 여권

make a difference 변화를 가져오다, 차이를 낳다
유사표현 affect

MP3 & 동영상 확인

It really makes a difference.

그게 정말 큰 차이를 만들 수 있어.

make a difference는 하고 있는 뭔가가 매우 중요한 것임을 나타낼 때 사용해요. 자선단체에 기부를 하거나, 세상을 구하는 대단한 일을 할 때도 사용할 수 있지만, 음식을 만들 때 뭔가를 집어넣으면 맛이 아주 좋아질 때와 같이 작은 부분에도 사용할 수 있어요.

Luke Should I bring an umbrella to the event today?

Jen It doesn't really **make a difference**. Most of the event is inside so it won't matter.

Luke That's true. I'll leave it here then.

Jen I heard that the event space is cold, though. Make sure you bring a jacket.

Luke Yup.

루크 오늘 이벤트에 우산을 가지고 가야 하나?
젠 큰 차이는 없을 거야. 대부분의 행사는 내부에서 해서, 문제는 없어.
루크 그건 맞네. 그럼 그냥 여기다 두고 가야지.
젠 근데 행사장이 좀 춥다고 들었는데. 재킷을 꼭 가지고 와.
루크 그래.

룩룩 쌤의 코멘트

'영향을 미치다', '차이를 만들다'라는 표현은 **make a difference** 말고도 affect, make an impact라는 표현을 사용할 수도 있어요.

· make a difference를 강조해서 make a big difference, make a huge difference, make all the difference도 많이 사용하죠. 회사에서 영어를 잘하는 사람에게는 큰 이익이 있다면 "Being able to speak English can make a big difference at work."라고 할 수 있겠죠.

원어민의 코멘트

원어민은 이렇게 사용해요!

하고 있는 일이 누구에게 큰 발전을 주고, 영향을 준다고 할 때 이 표현을 사용해요. 만약 자선단체 일을 하고 있다면, 그게 아마도 그 공동체 사회에

Kelly   make a difference를 하는 거겠죠. 일을 할 때 난 내 일이 세상에 make a difference했으면 해요. 그냥 단지 남들이 해서 하는 그런 일이 아니라요.

● It's going to make a difference. 큰 차이를 가지고 올 거야.

● Let's make a difference in our community. 우리 커뮤니티에 큰 변화를 줘 보자고.

● That's what makes a big difference. 그게 큰 차이를 가지고 오는 거야.

단어 & 표현

It won't matter. 별로 문제가 안 될 거야.

1 대화를 통해 배우는 핵심 표현

 에서 학습한 표현을 복습하며 응용해 보세요.

trendsetter draw the line dress up	double-check make a difference

Kelly　What are you going to do on your big date with Samantha?

Ethan　I'm taking her to a jazz bar downtown, but I think we have to **dress up** to get in. I think I need to go shopping for some new clothes.

Kelly　Good thing Carrie's here. She's such a **trendsetter** when it comes to fashion.

Carrie　You should wear that grey suit that you have. Also, I brought you this red pocket square. It's something small that can really **make a difference** to your whole outfit.

Ethan　Thanks. Should I wear this matching red tie too?

Carrie　That's where I **draw the line**. I think it would be too much of the same color.

Ethan　I'm glad you are here to help me. I have no fashion sense.

Kelly　Make sure you **double-check** what time your reservation is at that jazz bar. Sometimes you have to go a little bit earlier because of how crowded it gets.

Ethan　Got it.

켈리	너 사만다하고 중요한 데이트 날 뭐 할 거야?
에단	시내에 재즈 바에 데리고 가려 하는데, 들어가려면 차려입고 가야 할 것 같아. 새 옷 좀 사러 가야 할 거 같아.
켈리	캐리가 여기 있어서 다행이다. 패션에 관해선 캐리가 정말 유행 선도자지.
캐리	너 회색 정장 입는 게 좋을 거 같아. 또, 양복 앞주머니에 들어갈 빨간색 포켓 스퀘어도 가지고 왔어. 이 작은 게 너의 전체 복장에 큰 차이를 가지고 오거든.
에단	고마워. 매칭되는 이 빨간색 타이도 해야 할까?
캐리	그것까진 좀 너무 지나치고. 그럼 너무 같은 색깔이 많은 거 같아.
에단	네가 여기에 날 도울 수 있어서 기쁘다. 나 정말 패션 감각 없거든.
켈리	언제 재즈 바 예약했는지 다시 한번 꼭 확인해. 가끔 너무 붐벼서 좀 일찍 가야 하거든.
에단	알겠어.

go shopping 쇼핑하러 가다 when it comes to ~ ~에 관해서
pocket square 포켓 스퀘어(양복 주머니 따위에 장식용으로 꽂는 손수건)
outfit 복장 got it 알았어, 이해했어

2 서포터즈들의 Q&A

Q1 Unit 056 You're such a trendsetter, Jen.

trendsetter 대신에 저는 influencer라는 표현도 쓸 수 있다고 생각하는데 어떤가요?

trendsetter라는 단어를 보면 가수나 배우 등 연예인들이 떠올라요. 예를 들면 BTS 멤버들이 핑크색 바지를 입었는데 며칠 뒤 많은 사람들이 핑크색 바지를 입고 다닌다고 생각해보세요. BTS는 결국 패션을 선도하는 **trendsetter**가 되는 것이죠. **influencer**는 trendsetter처럼 파워풀하지는 않지만, 그래도 자신의 영역에서 큰 영향력을 미치는 사람들이죠. 예를 들어 저는 온라인 비즈니스에 관심이 많은데, 이 분야에서 큰 파워를 가지고 있는 Pat Flynn이라는 사람이 있어요. 그러면 온라인 비즈니스에 많은 관심이 있는 사람들에게 Pat Flynn은 큰 영향을 미치는 사람이죠. 저도 영어 교육 쪽에서 **influencer**가 되기 위해서 열심히 노력 중이랍니다.

Q2 Unit 057 Maybe I could eat a scorpion, but I draw the line at eating spiders.

draw the line이 '한계를 정하다'라는 뜻인데, 그럼 외국인들끼리 대화 시에 선 넘었다 싶으면 "Don't cross the line."이라고 쓰기도 하나요?

cross the line은 '선을 넘다'는 말이죠. line이 들어가는 표현들을 한번 정리해 볼게요.

- 지켜야 할 선을 넘어설 때 "You're out of line."이라는 표현을 사용할 수 있어요. 상대방에게 좀 껄끄러운 것을 말할 때도 "I'm probably out of line here, but ~" 이렇게 말을 시작할 수 있어요.

- "It's a fine line."이라고 하면 정말 애매모호하다는 의미예요. fine이라는 것은 '아주 매우 작은'이라는 의미가 있어요. 부모가 아이에게 사랑의 매를 대는 것은 사랑일 수도 있지만, 지나치면 분명 그것은 학대(abuse)가 될 수 있죠. 이런 애매모호한 상황을 a fine line이라고 할 수 있어요.

- on the line이라는 표현은 도박을 할 때 자기의 칩을 베팅 선에다가 올리고(on the line) 그것의 결과를 기다리는 느낌을 생각해 보시면, 위험하고 위태한 상황이라는 느낌이 와요. "My job is on the line."이라고 하면 구조조정의 칼바람이 불 때 자신의 위치를 불안해하면서 쓸 수 있는 표현이겠죠.

13
Social Media
소셜 미디어

break the news 소식을 전하다
유사표현 announce, broadcast, notify

MP3 & 동영상 확인

She broke the news to her parents.

BREAKING NEWS

그녀는 부모님에게 처음으로 소식을 전했다.

break the news는 누군가에게 소식을 처음으로 전할 때 사용하는 표현이에요. 종종 TV나 온라인 방송국에서는 최초의 소식을 전하려고 발 빠르게 움직이죠. CNN, ABC 같은 뉴스채널에서 breaking news라는 것을 보신 분들이 있을 거예요. 한국말로 하면 '속보'라는 의미입니다. 급하게 따끈따끈한 소식을 전달하는 뉴스라는 말이죠.

Luke	Did you hear about Big Bang?
Erin	What are you talking about?
Luke	They are getting back together!
Erin	No way! Where did you hear that?
Luke	They **broke the news** on their Instagram page. I saw it about an hour ago.
Erin	I can't believe it!

루크	빅뱅 소식 들었어?
에린	무슨 이야기하는 거야?
루크	걔들 다시 뭉친다는데!
에린	말도 안 돼! 어디서 들은 거야?
루크	인스타에서 최초로 소식을 전했어. 한 시간 전에 봤어.
에린	믿기지 않네!

보통 이 표현은 안 좋은 소식(누군가의 죽음, 회사에서의 해고, 시험에서 떨어짐 등)을 전할 때 많이 사용해요. 그때 보통 "I hate to break it to you but ~ ." 이런 식으로 말할 수 있 겠죠. 물론 이것을 break를 사용하지 않고 "I hate to tell you this but ~ ." 이렇게 말 해도 괜찮아요.

- 회사에서 일을 하다가 회사에서 불법적인 행동(illegal action)을 하거나, 부정부 패(corruption)를 보고 정의에 불타서 참지 못하고 break the news를 한 사람을 whistleblower라고 합니다. whistle(호루라기)을 blow(불다)하는 상황을 생각하면 쉽게 이해 가 되시죠?

원어민의 코멘트   원어민은 이렇게 사용해요!

전 break the news를 들으면, 안 좋은 소식을 생각하게 돼요. 누가 회사에서 잘렸거나, 아니면 정말 소중한 누군가와 헤어졌다거나 하는 경우를요.

Kelly

- I don't know how to break the news to him. 걔한테 어떻게 알려야 할지 모르겠어.

- They broke the news on Facebook. 그들은 페이스북에 그 소식을 공개했다.

- I hate to break the news to you but you lost the contest.
  이 소식을 전달해서 좀 그렇지만, 너 그 콘테스트에서 떨어졌어.

단어 & 표현

get back together 다시 뭉치다   No way! 말도 안 돼!(= It's impossible!)

fed up with ~에 진저리가 난
유사표현 annoyed, discontent, sick and tired

MP3 & 동영상 확인

I'm fed up with my job.

나 정말 직장이 지긋지긋해.

누가 여러분에게 자꾸 뭘 먹여요. 여러분은 먹임을 당하는(be fed) 상황이죠. 계속 그렇게 하니 음식이 이제 구역질 날 정도로 위로 올라(up)오겠죠. 그래서 be fed up with ~는 정말 뭔가를 오랫동안 하고, 지겹도록 해서 이제 더 이상 참기 힘든 상황이 되었을 때 사용하는 표현이에요.

Luke	The neighbors are being really loud again.
Jen	I think they have thrown a party every single night this week.
Luke	I'm **fed up with** them. I'm calling the police.
Jen	I agree. It's a weeknight.

루크	이웃이 또 너무 시끄럽네.
젠	내 생각엔 이번 주에 매일 밤 파티를 열었던 거 같은데.
루크	이제 지긋지긋하다. 경찰에 연락할 거야.
젠	나도 동의해. 평일 밤이잖아.

어떤 일을 지겹다고 할 때 sick and tired라는 표현도 많이 사용해요. "I'm sick and tired of my job."이라고 하면 정말 내 일이 싫고 지겨운 거죠.

- 여러분이 be fed up하거나, sick and tired되었을 때 "That's enough!" 아니면 "Enough is enough! I can't take it anymore."라고 하고 화를 내면서 '더 이상 못 참아!'라는 느낌을 전달할 수 있어요.

원어민의 코멘트　　　　　　　　원어민은 이렇게 사용해요!

Kelly

이 표현은 "I'm done.(더 이상은 못 참아)"의 의미예요. 더 이상 듣기 싫은 거죠. 사람들은 저임금의 일, 화내고 짜증내는 사람들, 힘든 출퇴근 등 다양한 것들에 fed up하죠. 개인적으로 전 고객들의 반응이 느릴 때 get fed up해요. 왜냐면 그것은 제가 하는 프로젝트를 정말 느리게 만들거든요. 근데도 결국 고객들은 자기들이 원하는 것은 정말 빨리 원하죠. 그럴 때 "I'm fed up with that."이 딱 맞는 표현입니다.

- I'm fed up with everything. 난 정말 모든 게 지겨워.
- He's fed up with his boss. 그는 상사에게 질렸다.
- She's fed up with her car. 그녀는 차 때문에 신물이 난다.

단어 & 표현

every single night 매일 밤(every night의 강조)　weeknight 평일 밤

go viral 입소문이 나다
유사표현 spread quickly

MP3 & 동영상 확인

The video went viral on YouTube.

그 비디오는 유튜브에서 정말 대박 났어.

이 표현은 상대적으로 유튜브, 인스타그램 등이 유명해지면서 많이 등장한 표현인데요. 바이러스가 빨리 퍼져나가듯이 인터넷에서 정말 매우 빠르게 유명해지는 영상이나 글, 사진을 가리키면서 "It went viral."이라고 해요.

Luke	Do you remember my old coworker Sam?
Jen	He's the one trying to be a singer, right?
Luke	Right! He's been recording covers of different songs and has a YouTube channel. One of his videos just **went viral**. It has over 1,000,000 views!
Jen	That's crazy!

루크	너 내 예전 동료 샘 기억나?
젠	가수하려고 했던 애 맞지?
루크	맞아! 걔가 다른 음악 커버송들을 녹음해 왔고 유튜브 채널이 있더라고. 걔 비디오 중에 하나가 대박 났어. 백만 뷰가 넘었어!
젠	와 장난 아니네!

룩룩 쌤의 코멘트　　　　　이것도 꼭 알아두세요!

going viral은 긍정적인 의미와 부정적인 의미가 있어요. 많은 사람들이 명성, 돈, 인기를 going viral하면서 얻을 수 있고, 비즈니스에서도 많은 사람들에게 알리기 위해서 viral marketing을 사용하죠. 반면에, 잘못된 이유로 go viral하기도 하는데요. 선정적인 영상이라든지, 남들을 놀리는 영상, 공격적인 영상 등을 통해서 유명해지는 경우도 있어요.

- go viral은 보통 사람들의 공유와 입소문을 통해서 빨리 퍼져나가는데요. 이때 입소문은 word of mouth라고 합니다.

- spread like wildfire라는 표현도 많이 사용하는 표현인데 뭔가가 산불처럼 빠르게 퍼져나가는 것을 상상하시면 기억하시기 쉽겠죠. 바이러스가 매우 빠르게 퍼져 나갈 때도 이 표현을 사용할 수 있죠.

원어민의 코멘트　　　　　원어민은 이렇게 사용해요!

Kelly

사람들의 관심을 받는 뭔가를 올리면 go viral할 수 있죠. 전 보통 YouTube 와 Twitter를 떠올려요. 그리고 짧고 웃긴 클립을 생각하게 돼요. 요즘은 정말 go viral하면, 대부분의 사람들이 이미 봤을 가능성이 높죠.

- The story went viral! 그 스토리는 순식간에 유명해졌어!

- Their video went viral. 그 비디오는 순식간에 유명해졌다.

- Here's the video that went viral last week. 여기 지난주에 대박 유명했던 비디오야.

behind closed doors 비공개로, 비밀리에
유사 표현 secretly

MP3 & 동영상 확인

The meeting was held behind closed doors.

미팅이 비밀리에 진행되었어요.

closed doors(닫힌 문) 뒤에서 뭔가가 진행이 된다는 것은 공개적인 것이 아니라 비밀리에 진행이 된다는 것임을 쉽게 이해하시겠죠? 공식 석상이 아닐 때라는 표현이죠. 비밀리에, 비공개로 진행되는 것뿐만 아니라 누군가의 개인사에서 일어나는 일도 이 표현을 사용할 수 있어요.

Luke How was the concert last night?

Erin It was pretty good. I even got to meet the singer of the band at the end of the show.

Luke Really?

Erin He was actually kind of rude when I talked to him.

Luke I heard he's a completely different person **behind closed doors**.

Erin Yeah, he was not as nice as he seems on stage.

루크 어젯밤에 콘서트 어땠어?
에린 꽤 괜찮았어. 심지어는 쇼가 끝나고 밴드의 가수도 만났어.
루크 정말?
에린 근데 사실 걔한테 말 걸었을 때 약간 무례하더라고.
루크 나 걔가 공식 석상이 아닐 때는 완전 다른 사람이라고 들었어.
에린 응. 무대에 있을 때처럼 나이스하진 않았어.

룩룩 쌤의 코멘트   이것도 꼭 알아두세요!

우리가 이미 알고 있는 비밀(secret)이라는 표현을 사용해서, secretly 또는 in secret 를 사용해도 같은 표현이에요. 아니면 privately, in private이라고 해도 비슷한 표현입니다. 그럼 '공개적으로'는 어떻게 말을 할까요? publicly, in public이라고 하면 돼요.

• under the radar라는 표현도 같이 기억해 주세요. radar 아래 있어서 레이더가 잡지도 못 하는, 결국 남들이 알지 못하는 곳에 몰래 뭔가를 할 때 보통 이 표현을 사용하죠. 직장에서 들키지 않고 몰래 게임을 했다면 "I played a game under the radar."라고 할 수 있어요.

원어민의 코멘트   원어민은 이렇게 사용해요!

Kelly

이 표현은 shady(수상한)한 느낌이 있어요. 정말 behind the scenes(보이지 않는 곳)에서 뭔가가 일어나는 거예요. 사람들이 누군가를 속이고 뭔가 불법적인 일을 하는 거죠. 유명한 사람들의 경우에, 공개 석상에서는 나이스한데 뒤돌아서면(behind closed doors) 못된 사람으로 돌변하는 사람들이요. 거의 그들은 two-faced(두 얼굴의, 가식적인) 사람인 거죠.

• I wonder what he's like behind closed doors.
그가 사람들이 안 보는 곳에서는 어떤 사람일지 궁금하네.

• Everything happened behind closed doors. 모든 것이 비밀리에 일어났다.

• They met behind closed doors. 그들은 몰래 만났다.

단어 & 표현

get to ~ ~할 기회를 얻다 rude 무례한

take ~ the wrong way 오해하다
유사 표현 misunderstand, misinterpret

MP3 & 동영상 확인

Don't take this the wrong way.

이거 오해하진 마.

표현을 분석해보면 take this(받아들이다), wrong way(잘못된 방식)가 결합되어서 '뭔가를 잘못된 방식으로 받아들이다', 결국 '오해하다'라는 표현이에요. 그래서 보통 "Don't take this the wrong way."라고 하면 상대방이 민감하게 받아들일 수 있는 것이 걱정이 되니 미리 '오해하지 마'라고 하고 시작하는 거죠.

Luke	I'm going to go meet Ted in a little bit. Want to come?
Jen	I can't tonight. Make sure you don't mention anything about politics to Ted. He gets really carried away about it.
Luke	Yeah, I know. Last time I saw him I made one little joke and he completely **took it the wrong way**.
Jen	He's really sensitive about that stuff.

루크	나 조금 있으면 테드 만나. 같이 갈래?
젠	오늘 밤은 안 돼. 테드한테 정치에 관한 이야기하면 안 돼. 항상 그 이야기 나오면 너무 흥분해.
루크	나도 알아. 지난번에 만났을 때 내가 농담 좀 했는데 완전히 오해하더라고.
젠	그거에 관해선 정말 민감해.

룩룩 쌤의 코멘트　　　　　이것도 꼭 알아두세요!

이 표현과 함께 또 많이 사용하는 표현이 있어요. "Don't get me wrong."이라는 표현 인데 이것도 "Don't take it the wrong way."하고 일맥상통해요. 뭔가 상대방에게 민 감하고 상처 줄 수 있는 말을 하기 전에 "Don't get me wrong, but ~" 또는 "Don't take this the wrong way but ~" 이렇게 말을 할 수 있어요.

· 편안한 친구끼리는 "No offense, but ~ " 이렇게도 많이 하죠.

원어민의 코멘트　　　　　원어민은 이렇게 사용해요!

Kelly

이 말은 좋은 의도로 말을 했는데 상대방이 오히려 오해를 하고 기분 나쁘게 받 아들인다는 의미인데요. 보통 남녀 관계에서 많이 사용이 되죠. 여자친구가 남자 친구한테 '나 이 드레스 입으니 어때?'라고 했는데 "You look fine.(괜찮아.)"이 라고 하면 여자친구가 take it the wrong way(오해)해서 "Just fine?(단지 괜찮다고?)" 이 되는 거죠. 남자는 솔직하게 괜찮다고 한 건데 여자친구는 남자친구가 관심을 안 가졌다 고 take it the wrong way한 거죠.

● She always takes things the wrong way. 그녀는 항상 오해를 해.

● Don't take this the wrong way, but you should see a doctor.
기분 나쁘게 받아들이지 마, 근데 너 병원 좀 가봐야 할 거 같아.

● He'll take it the wrong way if you say that to him.
그거 걔한테 말하면 걔가 오해할 거야.

단어 & 표현

get carried away 흥분하다　sensitive 민감한　stuff 것, 일

1 대화를 통해 배우는 핵심 표현

 에서 학습한 표현을 복습하며 응용해 보세요.

break the news **fed up with** **go viral**	**behind closed doors** **take ~ the wrong way**

Carrie Did you guys hear about that famous actor John Kim?

Ethan Yeah, it's all over the news. Apparently, he's in jail.

Dylan No way! What happened?

Carrie He was being harassed by a bunch of paparazzi, so he got **fed up with** them and punched one of them in the face. He broke the photographer's nose and camera.

Ethan I'm surprised you haven't heard about it, Dylan. The video **went viral**. It's all over the Internet.

Dylan That's crazy. I wonder who will **break the news** to Kelly. She loves John Kim.

Carrie I heard he's actually a really nice guy **behind closed doors**. He must have been really annoyed with the paparazzi.

Ethan I'm on John's side. Don't **take** it **the wrong way**, I don't think it's okay to attack people. But celebrities are constantly being harassed by the media. It must be annoying.

Carrie You're right. But he probably shouldn't have broken his nose.

캐리	너희들 존 킴이라는 유명한 배우 들어봤어?
에단	응, 뉴스에 뜨고 난리인걸. 보아하니, 감옥에 있다면서.
딜런	말도 안 돼! 어떻게 된 거야?
캐리	걔가 파파라치들한테 괴롭힘을 당해서, 지긋지긋해서 참지 못하고 걔들 중 한 명 얼굴에다가 펀치를 날렸어. 사진사 코하고 카메라를 부숴버렸어.
에단	딜런, 네가 아직 못 들어 봤다는 것에 놀랐는걸. 그 비디오가 인터넷에서 다 퍼졌거든.
딜런	장난 아니네. 난 누가 켈리에게 이 소식을 알릴지 궁금하다. 걔 존 킴 정말 좋아하거든.
캐리	실제로 그 사람 공식 석상이 아닌 곳에서 매우 나이스한 사람이라고 들었는데 그 파파라치한테 화가 정말 많이 났었나 봐.
에단	나는 존의 편이야. 오해하진 마, 사람들을 공격하는 것은 옳다고 생각하진 않아. 하지만, 유명인은 계속해서 미디어의 괴롭힘을 당하잖아. 정말 짜증 날 거야.
캐리	네 말이 맞아. 하지만 코뼈를 부수진 말았어야 했어.

all over the news 모든 뉴스에 나오다 apparently 보아하니, 들어보니 in jail 감옥에 있는
harassed 괴롭힘을 당한 punch ~ in the face ~의 얼굴을 때리다
all over the Internet 모든 인터넷에 나오다
I wonder ~ ~이 궁금하다 annoyed 짜증 난
I'm on A's side. 난 A의 편이야.(A's: 소유격) celebrity 연예인, 유명인

추가 설명 보기

2 서포터즈들의 Q&A

Q1 Unit 061 They broke the news on their Instagram page.

뉴스 보도를 보다 보면 나오는 '뜨거운 감자'라는 표현을 외국에서도 쓰곤 하나요? hot potato 같이?

hot potato는 원어민도 사용하는 표현입니다. 단, 빈도가 높진 않아요. 뜨거운 감자는 먼저 식혀야죠. 그만큼 민감하고, 어려운 거라서 아무도 다루고 싶지 않아 하는 일을 hot potato라고 합니다. 원어민들은 hot issue, hot topic을 훨씬 많이 사용하는데요. 물론 이때는 모든 사람이 관심이 있지만, 논쟁의 여지가 많은 것을 말하는 거죠. 이 표현과 함께 the elephant in the room이란 표현도 있습니다. 방에 코끼리가 있는데 그것을 인지 못하는 사람이 어디 있겠어요. 그런데 아무도 그 이야기를 하지 않아요. 이처럼 알고 있지만, 말하면 불편한 이야기를 뜻합니다.

Q2 Unit 061 I hate to break it to you but ~ .

I hate to break it to you 대신에 I'm afraid to break it to you 식으로 표현해도 괜찮나요?

네. I'm afraid ~라는 표현은 상대방에게 공손하게 안 좋은 소식을 전할 때, 자주 사용하는 표현이에요. 그래서 너무나 자연스러운 표현입니다. 한국말로는 '죄송하지만', '안타깝게도' 정도의 느낌이죠. I'm sorry ~도 비슷하게 사용이 됩니다. (물론 I'm afraid는 I'm scared라는 의미도 있죠)

- **I'm afraid I can't help you.** 죄송하지만 도와주기 힘들 거 같아요.
- **I'm afraid I can't come.** 안타깝게도 못 갈 거 같아요.
- **I'm afraid you should leave.** 죄송하지만 가주셔야 할 거 같습니다.

Q3 Unit 062 I think they have thrown a party every single night this week.

이 문장에서 throw a party라는 표현을 hold a party라고 했을 때 어감상 어떤 차이가 있나요? 혹은 그냥 have a party는요?

다 같은 의미입니다. throw a party가 좀 더 재미 위주의, 젊은 친구들이 술 먹고 춤추는 파티 느낌이 들긴 하지만 심지어는 이런 경우가 아니더라도 사용 가능합니다.

14

Family
가족

keep in touch 연락하고 지내다
유사표현 keep communicating, stay in touch, talk soon

MP3 & 동영상 확인

Let's
keep in touch!

계속 연락 주고받자고!

"Keep in touch!"는 보통 대화 끝부분에 '연락하고 지내자!'라고 말하는 거예요. 자주 보지는 않지만 마음만은 정말 자주 보고 싶은 한동안 보지 못한 친구들, 가족들에게 말하는 표현입니다.

Mark	That was a great dinner.
Jen	It was really nice seeing you!
Mark	Yeah, this was fun. Let's **keep in touch**!
Jen	Absolutely. I'll message you soon.

마크	저녁 정말 좋았어.
젠	정말 다시 만나서 반가웠어!
마크	응, 재미있었어. 연락 주고받자고!
젠	당연하지. 내가 곧 메시지 보낼게.

룩룩 쌤의 코멘트   이것도 꼭 알아두세요!

"Keep in touch."는 직접 연락하는 행동보다는 '연락하고 지내자'라는 인사를 할 때 많이 사용을 합니다. 그래서 이메일이나 개인적으로 메시지를 보낼 때도 "Let's keep in touch."를 많이 사용하죠.

- '내가 연락할게'라고 하면 "I'll contact you.", "I'll reach out to you.", "I'll get a hold of you.", "I'll be in touch with you."라는 표현이 있습니다.

원어민의 코멘트   원어민은 이렇게 사용해요!

Peter

저는 개인적으로 엄마하고 일주일에 한두 번씩 keep in touch해요. 여기서는 약간 서로 좀 떨어져 살고 있다는 의미가 숨어 있죠. 만약 거의 매일 보는 사이라면 keep in touch라고는 하지 않겠죠.

- I keep in touch with her about once a week.
  난 일주일에 한 번 그녀와 연락을 주고받아.

- We don't really keep in touch. 우리는 연락하고 지내지 않아.

- I hope we can keep in touch! 우리 서로 연락하고 지내면 좋겠다!

단어 & 표현

Absolutely. 당연하지.

pass away 사망하다, 돌아가시다

유사표현 die, pass on

MP3 & 동영상 확인

His grandmother passed away last night.

그의 할머니가 어젯밤에 돌아가셨어.

우리나라 말로도 '죽다'라는 표현을 부드럽게 '돌아가시다'라고 하잖아요. 사실 영어는 die나 pass away나 특별한 구분 없이 사용하긴 하지만 pass away라는 표현이 조금은 더 부드럽고, 간접적으로 말하는 느낌이에요. 죽음은 민감한 문제인데 die는 다소 직선적인 느낌이라 어떤 사람은 약간 기분 나빠할 수 있습니다.

Luke	Did you hear about Bill's mother?
Jen	No, what happened?
Luke	She **passed away** last week. She had been battling cancer for a few years now.
Jen	That is terrible to hear.
Luke	The funeral is next week. We should go.
Jen	I'll be there.

루크	빌의 엄마 이야기 들었어?
젠	아니, 무슨 일인데?
루크	지난주에 돌아가셨대. 몇 년 동안 암 투병해 오셨거든.
젠	정말 안타깝네.
루크	장례식이 다음 주래. 가봐야지.
젠	나도 갈래.

만약 die를 사용할지 pass away를 사용할지 잘 모르겠다면, **pass away**를 사용하세요. die를 민감하게 받아들이는 분들이 있을 수 있으니까요.

• 죽음과 관련된 표현들을 꽤 많죠. 일단, 간단하게 "He's in a better place."라고 하면 죽어서 지금은 천국에 있다는 말이죠. 천국은 어찌 보면 고통이 없는 행복한 곳이니까요. 아니면 그냥 "He's no longer with us."라고 해도 좋아요.

• '죽다'라는 의미로 kick the bucket, bite the dust라는 표현도 있긴 하지만 오래된 표현이라서 요즘은 잘 사용 안 하죠. 아마 미드나 영화에서 들어보신 분들이 있으실 텐데 미드, 영화가 원어민들이 많이 쓰는 표현을 꼭 사용하지는 않는답니다. 제가 이 책을 쓴 가장 큰 이유 중에 하나죠.

• 참고로 pass out 은 '기절하다' 또는 너무 피곤해서 '뻗다'라는 표현이에요.

원어민의 코멘트   원어민은 이렇게 사용해요!

이 표현은 누군가가 죽었을 때 사용하죠. die보다 훨씬 부드러운 느낌을 줘요. 예를 들어 죽음이라는 민감한 주제를 아이에게 사용할 때는 특히 pass away로

Peter 미화해서 말을 하죠. 우리 가족은 pass away 대신에 pass on, pass라고 하기도 해요.

• He passed away from cancer. 그는 암으로 죽었다.

• Her grandfather passed away. 그녀의 할아버지가 돌아가셨다.

• She passed away from old age. 그녀는 노환으로 세상을 떠났다.

단어 & 표현

battle cancer 암투병하다 funeral 장례식

make it up to ～에게 보상하다
유사표현 pay someone back, compensate,
make friends again

MP3 & 동영상 확인

How can I make it up to you?

내가 어떻게 해줄까?

무슨 잘못을 했고 그것에 대해서 미안해서, '그럼 내가 뭐 해줄까?', '내가 어떻게
해주면 네가 화가 풀리겠니?'라고 한국말로도 하잖아요. 이럴 때 사용할 수 있는
표현이에요.

Luke	Where were you this morning? I was waiting for hours!
Jen	I thought we were meeting tomorrow!
Luke	I texted you. I can't go tomorrow, so I said to meet this morning.
Jen	I must have missed your text. I'm really sorry.
Luke	I missed a meeting because of you.
Jen	I'll **make it up to** you. I'll buy you dinner tomorrow.
Luke	Okay, fine.

루크	오늘 아침 어디 있었어? 몇 시간이나 기다렸어!
젠	우리 내일 만나는 거라고 알고 있었는데!
루크	내가 메시지 보냈잖아. 내일 못 간다고, 그래서 오늘 아침에 만나자고 했는데.
젠	메시지 체크 안 했나 봐. 정말 미안.
루크	너 때문에 미팅 못 갔잖아.
젠	내가 보상해 줄게. 내일 저녁 사줄게.
루크	알았어, 좋아.

룩룩 쌤의 코멘트
이것도 꼭 알아두세요!

누군가가 나 때문에 곤란한 상황에 빠지고, 힘든 상황에 빠졌을 때 "I'll make it up to you.", "How can I make it up to you?", "What can I do to make it up to you?" 이런 식으로 말할 수 있어요. 물론 간단하게 "I'm sorry. I didn't mean it.(정말 그럴 의도는 아니었어)"이라는 표현을 먼저 사용하고 뒤이어 "How can I make it up to you?"라고 하면 자연스럽게 미안함이 전달이 되죠.

• 하나 더해서, 앞으로는 절대로 이런 일이 일어나게 하지 않을게. 라고 하면 "It won't happen again."이라는 표현을 사용해요.

원어민의 코멘트
원어민은 이렇게 사용해요!

Peter

만약 여러분이 모임에 늦었으면, 모임을 기다리고 있는 사람들에게 커피를 사줘서 make it up to them할 수 있죠. 좀 심각한 상황에서, 만약 남자친구가 바람을 피웠다면 남자친구는 정말 크게 make it up to you해야겠죠. 용서를 구걸하고, 선물을 사주거나, 평생 집을 치우며 살든가 말이죠.

• Let me make it up to you. 내가 신세 갚을 기회를 줘.

• I'll make it up to you this weekend. 내가 이번 주말에 신세 갚을게.

• He made it up to her by buying her flowers.
그는 그녀에게 꽃을 사줘서 보상을 했다.

단어 & 표현

text 메시지를 보내다

backseat driver 계속 참견하는 사람, 잔소리꾼

유사표현 busybody, meddler, nuisance

MP3 & 동영상 확인

Nothing is more annoying than a backseat driver.

잔소리하는 사람보다 더 짜증 나는 사람은 없어.

backseat driver는 정말 다루기 짜증 나는 사람을 말할 때 사용해요. 이런 사람들은 항상 이거 해, 저거 해 하며 지적하죠. 내가 물어보지도 않았는데도 말이에요. 운전하고 있는데 뒷좌석(backseat)에서 '왼쪽 아니 오른쪽, 왜 이리 똑바로 못해?' 등 간섭하는 사람을 상상하면 backseat driver라는 표현은 까먹지 않을 거예요.

Erin	Hey Luke, you shouldn't flip the meat so much. It will lose its juices.
Luke	Okay...
Erin	Also, make sure the pieces don't touch each other.
Luke	Alright...
Erin	You should also-
Luke	Erin, you're being a **backseat driver**. Just let me cook.
Erin	Sorry.

에린	루크, 그렇게 많이 뒤집지는 마. 육즙이 빠져나와.
루크	알았어...
에린	그리고 고기들이 서로 붙지 않게 잘 해.
루크	알겠어...
에린	그리고 또...
루크	에린, 잔소리 좀 그만해. 음식 좀 하자.
에린	미안.

룩룩 쌤의 코멘트 　　　　　　이것도 꼭 알아두세요!

좀 더 설명하자면 부자들을 보면 보통 자신이 뒷좌석(backseat)에 타서, 자기가 고용한 운전기사에게 이쪽으로 가자, 저쪽으로 가자 등 명령을 했다고 해요. 그래서 이렇게 원하지도 않은 잔소리를 하는 사람이라는 의미가 되었다고 합니다.

- 보통 잔소리하는 사람을 backseat driver라고도 하지만, 직장에서 상사가 부하직원에게 이렇게 저렇게 너무나도 자세하게 manage를 한다고 해서 micromanager라고도 해요. 그런 사람을 slang으로 "He's so anal."이라고도 하는데 상대방을 비난하는 느낌이니 조심히 사용하세요.
- 아내가 자꾸만 나한테 잔소리를 하네요. '그만 좀 잔소리해!' 하고 싶다면 "Stop nagging me!"라고 할 수도 있어요.

원어민의 코멘트 　　　　　　원어민은 이렇게 사용해요!

Peter

backseat driver를 생각하면, 전 어떤 일에 대해 책임자도 아닌데 그것에 대해서 책임자처럼 행동하는 사람이 떠올라요. 또 부모님이 아이들을 돌볼 때, '너! 이거 해! 저거 해!'라고 하잖아요. 아이가 원하지 않아도 아이에게 '너 좋은 대학 가야 해', '너 의사 되어야 해' 이런 식으로 강요하면 결국 이때는 엄마, 아빠가 backseat driver인 거죠.

- You are always a backseat driver. 넌 항상 잔소리가 많아.
- Sarah is such a backseat driver. 사라는 정말 대박 잔소리 많아.
- Stop being a backseat driver. I can't focus. 잔소리 좀 그만해. 집중할 수 없잖아.

단어 & 표현

flip 뒤집다　juice 육즙

break the ice 서먹서먹한[딱딱한] 분위기를 깨다
유사표현 soothe, comfort, set at ease, be friendly

MP3 & 동영상 확인

Break the ice
with a joke.

농담으로 서먹한 분위기를 깨자.

누군가를 처음 만나는 상황이 되면, 동서고금을 막론하고 서먹할 거예요. 그때 그 싸한, 서먹한(ice) 분위기를 깨고(break) 밝은 분위기를 만드는 것은 매우 중요하죠. 그래서 서먹한 분위기를 깨고 말을 걸거나, 게임을 하거나, 농담을 주고받거나 하는 것은 break the ice라는 표현을 사용해요.

Luke	I'm finally going on a first date with Janice. How should I **break the ice** when I meet her?
Mark	I always tell some jokes to start. Once people are laughing, they feel more comfortable.
Jen	Make sure you compliment her! Girls love it when you notice small things about them.
Erin	Talk about current events with her. It will make you seem smart.
Luke	Those are all good ideas. I'll try all of them.

루크	나 드디어 제니스하고 첫 데이트를 해. 걜 만나면 어떻게 어색한 분위기를 깰 수 있을까?
마크	난 항상 농담으로 시작해. 일단 웃기 시작하면 훨씬 편해지거든.
젠	한번 칭찬해봐! 여자들은 작은 거라도 관심을 기울이면 정말 좋아하거든.
에린	시사 문제들을 한번 이야기해봐. 네가 똑똑하게 보일 수 있거든.
루크	다 좋은 생각들이야. 다 한번 시도해봐야지.

룩룩 쌤의 코멘트 　　　　　이것도 꼭 알아두세요!

앞 대화를 보면 첫 데이트에서 할 수 있는 icebreaker(서먹한 분위기를 깰 수 있는 것)들에 대해서 의견을 내고 있죠. icebreaker는 농담, 칭찬, 또는 뉴스에 대해서 이야기하는 것이 되겠죠. 또, 보통 수업 첫 날에 선생님과 학생들이 서로를 잘 알 수 있도록 게임을 하는데, 이것 역시 icebreaker라고 할 수 있겠죠.

- 이렇게 분위기가 서먹하다는 것은 어떻게 표현할까요? 가장 적합한 표현은 awkward, uncomfortable 정도가 될 거 같아요. 그리고 그런 어색한 자신을 말할 때 "I feel like a fish out of water."라고 할 수도 있겠죠. 단, 이 표현은 좀 구식 느낌이 나는 표현이니 알고만 가세요.

원어민의 코멘트 　　　　　원어민은 이렇게 사용해요!

Peter

누구를 맨 처음 만났을 때 어색함을 원하지 않으면, break the ice를 하면서 그 분위기를 벗어날 수 있죠. 제가 한국에 온 지 꽤 되었는데, 한국 학생들은 제가 서로를 소개 시키기 전까지는 스스로 break the ice를 하지 않는 거 같더라고요. 영어를 잘하려면 break the ice 하는 여러 방법들을 한번 연구해보세요.

- She broke the ice with a joke. 그녀는 농담으로 어색한 분위기를 깼다.

- He organized some activities to break the ice.
  그는 어색한 분위기를 깨려고 활동들을 만들었다.

- I tried to break the ice, but it didn't work.
  어색한 분위기를 깨려고 했지만, 잘 되지 않았어.

단어 & 표현

go on a first date 첫 데이트를 하다   compliment 칭찬하다   current event 시사 문제

1 대화를 통해 배우는 핵심 표현

Chapter 14 에서 학습한 표현을 복습하며 응용해 보세요.

keep in touch	backseat driver
pass away	break the ice
make it up to	

Ethan   Hey guys, I'm meeting Samantha's family this weekend. Kelly, you've met her father before right? What should I talk about?

Kelly   He loves food! Talk about cooking to **break the ice**.

Ethan   That will be a piece of cake. Anything else?

Kelly   Make sure you don't mention Samantha's grandmother. She just **passed away** and it might be a touchy subject.

Ethan   I'll definitely avoid talking about her. I'm thinking about cooking something for them while I'm there.

Kelly   That would be nice, but watch out for Samantha's mom. She can be a **backseat driver** when other people cook in her kitchen. She will probably be looking over your shoulder the whole time.

Ethan   Maybe it's not a good idea then. I'll cook something at home and bring it there, then.

Kelly   That's a good idea. I think they'll be impressed.

Ethan   Thanks for your help. I'll **make it up to** you by buying you a drink this weekend.

Kelly   Sounds good. **Keep in touch** with me about how it goes!

에단	얘들아, 나 이번 주말에 사만다 가족 만나. 켈리, 너 사만다 아빠 만났었지? 뭔 이야기를 해야 할까?
켈리	사만다 아빠가 음식을 좋아해. 서먹한 분위기 없애려면 요리 이야길 해.
에단	그건 식은 죽 먹기지. 또 다른 건?
켈리	사만다의 할머니에 관한 이야기는 하지 마. 돌아가신 지 얼마 안 되어서 약간 민감한 주제가 될지도 몰라.
에단	아 할머니에 대한 이야기는 절대 하지 말아야겠다. 가서 그들을 위해 음식을 해줄까 생각 중인데.
켈리	좋을 거 같은데, 근데 사만다 엄마는 조심해. 다른 사람이 부엌에서 요리하면 잔소리를 하실 수 있어. 아마 네가 하는 거 다 지켜볼 거야.
에단	그러면 좋은 생각은 아닌 거 같네. 그냥 집에서 음식 해서 가지고 가야지.
켈리	좋은 생각이야. 그분들이 감동받을 거 같은데.
에단	도와줘서 고마워. 내가 보답하는 차원에서 주말에 술 한잔 살게.
켈리	좋아. 어떻게 되었는지 나한테 알려줘!

a piece of cake 식은 죽 먹기, 매우 쉬운 일 Anything else? 다른 건 없고?
touchy 민감한 avoid 피하다 watch out for ~ ~을 조심하다
look over the shoulder 참견하다 impressed 감명받다, 감동받다

Chapter 14 **핵심 표현 리뷰**

② 서포터즈들의 Q&A

Q1 Unit 066 Jen: It was really nice seeing you!
Mark: Yeah, this was fun. Let's keep in touch!

이 대화에서 it was fun이라고 하면 this를 썼을 때와 어떻게 다른가요? 대화할 때 저는 it 이라고 생각했는데 this를 쓰는 경우가 많더라고요. 어떤 차이가 있는지, it을 쓰면 틀린 건 지 궁금합니다.

it은 앞의 뭔가를 받는 것이죠. 이 대화를 보면 두 사람은 저녁식사를 같이 하면서 이야기를 나눈 것이죠. 그래서 It was fun.이라고 하면 '너랑 같이 저녁식사를 한 것이 재미있었어'라는 말이죠. 여기서 this라 고 한 것은 Mark와 Jen이 지금 함께 시간을 보내고 있기 때문에 this를 사용하는 것이죠. 하지만 집에 가서 Mark가 Jen한테 전화를 한다고 생각해보죠. 그때는 이미 시간이 지났고 다른 공간이기 때문에 That was fun.이라고 하는 게 자연스럽죠.

Q2 Unit 067 She had been battling cancer for a few years now.

'suffering from + 질병'과 비교했을 때 'battle + 질병'은 뭔가 질병에 맞서 투쟁하는 느낌 이 있는 건가요? suffering from을 쓰면 고통받고 아파하는 느낌이 더 강한 건가요?

battle뿐만 아니라 fight도 '어떤 큰 병과 싸운다'는 의미로 사용됩니다. 암에 걸린 사람에게 You'll beat this., You'll win this battle. 식으로 하면서 용기를 북돋죠. 결국 suffer (from) ~이라는 것은 고통받는 것에 포커스를 두고 있다면 battle, fight를 사용하면 질병을 적으로 보고 그것에 맞서 싸우는 것에 더 포커스를 둔 표현이라고 할 수 있죠.

Q3 Unit 069 Erin, you're being a backseat driver.

이 표현 배우면서 꼰대가 떠오르는데 영어로 꼰대는 뭐라고 할 수 있을까요?

영국 BBC에서는 꼰대를 이렇게 정의를 했어요. An older person who believes they are always right(본인들이 늘 옳다고 믿는 나이 많은 사람). 이런 사람을 묘사하는 가장 쉬운 표현은 bossy라 는 표현이 있죠. 부하직원을 막 부리는 것처럼 '이거 해! 저거 해!'하는 것을 생각하면 쉽게 이해가 될 거예 요. 그리고 He's so condescending.이라는 표현도 상당히 많이 사용해요. condescending은 자 신이 상대방보다 잘났다고 생각해서 상대를 얕잡아 보는 정도의 의미예요.

15

Job Hunting
취업, 구직

guts 용기, 기력, 배짱

유사 표현 courage, strength, bravery

MP3 & 동영상 확인

Starting your own company takes a lot of guts.

자기 사업을 시작하는 것은 용기가 많이 필요해.

guts는 문자 그대로 보면 우리 몸에 있는 장기를 말하는 거죠. 보통 용기 있는 사람은 강한 위를 가지고 있어서 쉽게 아프지 않아요. 뭔가 중요한 시험이나, 발표, 인터뷰를 앞두고 속이 안 좋다고 하잖아요. 하지만 용기 있고, 자신 있는 사람은 그렇지 않죠. 이렇게 guts를 '용기'라고 알고 있으면 좋아요. takes guts는 '용기가 필요하다', have the guts는 '용기가 있다'라는 표현이 되는 거죠.

Jen	What is the craziest thing you've ever done?
Mark	When I was traveling through Spain, I went running with the bulls.
Jen	You actually ran with the bulls?
Mark	Yeah. It was very scary but fun at the same time.
Jen	I don't think I would have the **guts** to do that.

젠	지금까지 한 것 중에서 가장 미친 짓이 뭐였어?
마크	내가 스페인 여행할 때 황소들하고 뛰어다녔던 거.
젠	너 정말 황소들이랑 뛰어다녔어?
마크	응. 정말 무서웠는데 또 재미있기도 했어.
젠	난 그걸 할 용기가 있을 거 같진 않아.

룩룩 쌤의 코멘트　　　이것도 꼭 알아두세요!

guts의 형용사는 gutsy입니다. 예를 들면 "Quitting his job was a very gutsy move.(그가 직업을 그만둔 것은 매우 용기 있는 행동이었어요.)"처럼요. guts는 일반적이긴 하지만 슬랭으로 사용이 되죠. 이때는 gutsy 대신에 그냥 brave, courageous라는 표현을 사용할 수도 있죠.

- 슬랭으로 balls라는 표현도 용기를 나타내는 데 사용하죠. "He's got some balls.(걔 꽤 용기 있네.)"라고 할 수 있어요.
- 남자가 겁쟁이처럼 행동할 때는 "Don't be a pussy.", "Don't be a wimp."라고도 합니다. pussy, wimp는 coward(겁쟁이)라는 말이에요. 그런데 이렇게 상대방에게 말하면 공격적이고 무례하게 들릴 수 있으니 조심하세요.

원어민의 코멘트　　　원어민은 이렇게 사용해요!

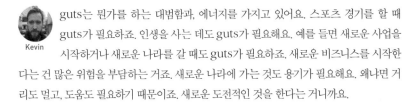

Kevin

guts는 뭔가를 하는 대범함과, 에너지를 가지고 있어요. 스포츠 경기를 할 때 guts가 필요하죠. 인생을 사는 데도 guts가 필요해요. 예를 들면 새로운 사업을 시작하거나 새로운 나라를 갈 때도 guts가 필요하죠. 새로운 비즈니스를 시작한다는 건 많은 위험을 부담하는 거죠. 새로운 나라에 가는 것도 용기가 필요해요. 왜냐면 거리도 멀고, 도움도 필요하기 때문이죠. 새로운 도전적인 것을 한다는 거니까요.

- I didn't have the guts to ask her on a date. 그녀한테 데이트 신청할 용기가 없었어.
- It takes guts to move to a new country. 새로운 나라로 이민 가는 것은 용기가 필요해.
- I didn't have the guts to speak up. 난 당당하게 말할 배짱이 없었어.

단어 & 표현

bull 황소　scary 무서운　at the same time 동시에

miss out 좋은 기회를 놓치다, 실패하다
유사 표현 miss an opportunity

MP3 & 동영상 확인

Don't miss out on this sale!

세일 놓치지 마!

뭔가를 miss out 한다는 것은 후회와 함께 따라옵니다. 만약 뭔가를 할 수 있는 기회를 놓쳤다면, miss out 한 거죠. 뭔가를 알았는데 까먹어서 그 기회를 놓치거나, 아니면 제때 그 소식을 알지 못해서 그 기회를 miss out 할 수도 있고요.

Luke   Did you go to the free concert at the park?

Erin   What free concert?

Luke   There were many bands and dancers that played a show at the park. It was free for everybody. You **missed out**.

Erin   No way! I really wish I had heard about it earlier.

루크   공원에서 한 무료 콘서트 갔어?
에린   무슨 무료 콘서트?
루크   공원에서 많은 밴드들하고 댄서들이 쇼를 했어. 모든 사람에게 무료였어. 너 기회를 놓쳤네.
에린   말도 안 돼! 아 정말 좀 더 빨리 소식을 들었으면 좋았을 텐데.

miss out이 후회와 연결되기 때문에 많은 회사들이 마케팅이나 광고를 할 때 이런 문구를 많이 사용하죠. "Don't miss out on this sale!(이 세일 기회를 놓치지 마세요!)", "It's a once-in-a-lifetime opportunity!(평생 한 번 오는 기회입니다!)", "You'll be kicking yourself if you miss out on this deal.(이런 기회를 놓친다면 후회할 거예요.)", "It won't be around forever.(오랫동안 이런 기회가 있지 않을 거예요.)"

· miss를 단독적으로 사용해서 "I missed it."이라고 하면 그냥 '기회를 놓쳤다'는 의미지만 miss out이라고 하면, '~ 했어야 했는데 그러지 못했다'는 후회를 나타내는 거예요.

Kevin

miss out은 뭔가 기회가 있었지만 잘 안 되었을 때, 또는 그 기회를 놓쳤을 때 사용해요. 그 좋은 기회가 있었을 때 시간이 맞지 않았거나 다른 장소에 있었다면, 결국 miss out 한 거죠. 저는 예전에 날씨가 좋지 않아서 "I missed out on a job interview.(구직 인터뷰 기회를 놓쳤어요.)" 한 적이 있었죠.

· I fell asleep and missed out on the party. 난 잠에 들었고, 파티에 가지 못했다.

· You're going to miss out if you don't come. 오지 않으면 좋은 기회를 놓칠 거야.

· Don't miss out on this deal. 이 좋은 기회를 놓치지 마세요.

단어 & 표현

No way! 말도 안 돼!

take advantage of ~을 이용하다, ~을 기회로 활용하다
유사표현 exploit, use, capitalize on, make use of, make the most of

MP3 & 동영상 확인

Let's take advantage of the weekend.

주말을 잘 활용하자고.

take advantage of는 두 가지 의미로 사용하는데, 더 많이 사용하는 의미는 '뭔가를 최대한 잘 활용하다'입니다. "Bill had some free time on the weekend, so he took advantage of it and spend his time studying for his upcoming exam.(빌은 주말에 여유 시간이 있어서, 그것을 잘 활용해 다가오는 시험 준비에 시간을 보냈다.)"처럼요. 두 번째는 부정적인 의미로 '~을 이용해 먹다'라는 의미가 있죠. 예를 들어 노트북을 사러 온 손님에게 필요 이상의 높은 사양의 노트북을 비싸게 팔았다면 take advantage of the customer한 거죠.

Luke   The autumn weather is always so beautiful in Korea.

Erin   Yes, but it always passes by so quickly.

Luke   We need to **take advantage of** the weather as much as possible before it gets too cold.

Erin   That's true. Let's go have a picnic at the Han River!

루크   한국의 가을 날씨는 항상 아름다워.
에린   응, 근데 항상 너무 빨리 가.
루크   너무 추워지기 전에 최대한 날씨를 즐겨야 해.
에린   네 말이 맞아. 한강에 가서 피크닉하자!

룩룩 쌤의 코멘트

이미 설명에서도 언급했지만, **take advantage of**는 긍정과, 부정의 의미가 있어요. 항상 여러분들은 긍정적으로, 정당하게 상황을 take advantage of 하도록 하세요.

· 이것과 비슷한 표현으로 make the most of와 capitalize on이라는 표현이 있어요. Try to make the most of your time.(너의 시간을 최대한 잘 이용해.) Young people capitalize on cheap flights.(젊은 사람들은 싼 비행기 값을 잘 이용해요.)

원어민의 코멘트

Kevin

이 표현은 기회를 잘 이용하기 위해 뭔가를 애써서 할 때 사용할 수 있어요. 당신이 원하는 것을 얻기 위해서 애써서 하는 거죠. 기회가 주어졌을 때 그 기회를 잡는 거예요. 예를 들면, 기대 안 했던 여유 시간이 주어졌을 때 그냥 쓸데없이 TV만 보는 게 아니라 공부를 하거나, 새로운 언어를 배우는 데 시간을 보낸다면 take advantage of the free time 한 거죠. 부정적으로는 다른 사람을 자기의 이익에 맞게 이용해 먹는다는 의미예요. 예를 들면 저렴한 인력을 구하기 위해서 불법으로 사람을 고용하고 아주 싸게 부려먹는다면 take advantage of 하는 거죠.

· You can take advantage of this program. 이 프로그램을 이용할 수 있어요.

· She took advantage of his bad mood. 그녀는 그의 안 좋은 기분을 이용했다.

· Don't let anyone take advantage of you. 아무도 널 이용해 이익을 보게 하지 마.

단어 & 표현

pass by 지나가다 as much as possible 최대한, 가능한 한 많이

well-off 순탄한 환경에 있는, 복 받은, 유복한
유사 표현 rich, wealthy, affluent, prosperous

MP3 & 동영상 확인

That family is very well-off.

그 가족은 매우 부유해.

이 표현은 단순히 돈 많은 사람을 말할 때 사용할 수 있어요. rich라고 직접 말하는 것이 좀 그러면 좀 간접적으로 well-off라는 표현을 사용할 수 있죠. 그래서 보통 돈이 많은 부자들도 "I'm rich."라고는 안 해요. "I'm well-off."라고 하는 게 그나마 자연스럽죠.

Luke   Have you seen Mitchell's pictures recently?

Erin   Yes, he is always traveling. I think his family is really **well-off**.

Luke   I think so too. He drives a nice car, too. But I think he doesn't really like to talk about his family's money.

Erin   Either way, it looks like he's having a great time!

루크   최근에 미첼 사진 봤어?
에린   응. 항상 여행을 하더라. 정말 걔 가족 부자인가 봐.
루크   나도 그렇게 생각해. 차도 좋은 거 끌고 다녀. 근데 걔 별로 가족의 돈 이야기하는 거 좋아하는 거 같지 않더라고.
에린   어쨌거나, 정말 좋은 시간을 보내는 거 같더라고!

룩룩 쌤의 코멘트

앞에서 언급했던 것처럼 **well-off**가 rich만큼 많이 사용되진 않아도, rich라고 직접적으로 말하는 것보다는 좀 부드럽게 well-off라고 사용하는 게 안전해요. rich라고 하면 듣는 상대방에게 무례하게 들릴 수도 있거든요.

- 자기 자신이 좀 산다고 하는 것을 겸손하게 말할 때는 "I'm doing alright." 또는 그냥 여유가 있는 삶을 살고 있다고 할 때 "I'm having a comfortable life."라고 하면 되겠어요.

원어민의 코멘트

원어민은 이렇게 사용해요!

Kevin

rich라고 하면 돈이 많은 상위 클래스에 있는 사람을 생각하게 되죠. well-off라고 하면 약간 rich의 부정적인 뉘앙스를 없애는 느낌이에요. 저라면 자기 병원을 운영하고 있는 의사에게 well-off를 사용할 거 같아요.

- She is very well-off. 그녀는 매우 부유해.
- My goal is to be well-off. 내 목표는 부유해지는 거야.
- Their family is very well-off. 그들 가족은 매우 잘 살아.

단어 & 표현

either way 어쨌거나 have a great time 좋은 시간을 보내다

what it takes (성공 따위를 얻는 데 필요한) 조건, 자질
유사표현 having skills, personality, or courage

MP3 & 동영상 확인

Do you have what it takes?

너 자질을 가지고 있니?

what it takes는 종종 힘겨운, 무서운 상황에서 사용이 되죠. 모든 사람이 어떤 것을 완성하기 위해서 필요한 것(what it takes)을 가지고 있진 않죠. 제대로 된 talents(자질)와 courage(용기)를 가진 사람만이 힘겹고, 무서운 상황을 극복할 수 있죠. 올림픽 금메달을 따는 것은 아무나 하는 건 아니죠. Bill has what it takes to win a gold medal.(빌은 금메달을 딸 자질을 가지고 있어.)

Luke   What does your little sister want to be when she grows up?

Jen   I think she wants to be a doctor.

Luke   That's a tough road. Does she have **what it takes** to get through medical school?

Jen   She works really hard and is extremely smart and ambitious. I think she does.

루크   네 여동생은 크면 뭐가 되고 싶대?
젠   의사가 되고 싶다는 거 같아.
루크   쉽지 않은 길인데. 의대를 잘 마칠 수 있는 자질이 있어?
젠   정말 열심히 일하고, 정말 똑똑하고 포부가 있어. 잘 할 수 있을 거야.

what it takes는 누구나 할 수 있는 쉬운 상황에서는 거의 사용이 안 되죠. 예를 들면 Do you have what it takes to eat a sandwich?라고는 안 해요. 손이 있고 입이 있으면 누구나 다 할 수 있는 거니까요. 그래서 what it takes를 사용할 때는 대부분의 사람은 없고 정말 특별한 사람들만이 할 수 있는 어려운 일을 할 수 있는 자질을 말할 때 사용이 돼요. "Does he have what it takes to be a leader?(걔가 리더가 될 수 있는 자질이 있어?)"처럼 말이죠.

원어민의 코멘트   원어민은 이렇게 사용해요!

Kevin

이 표현은 guts(용기, 담력)라는 표현과 좀 비슷해요. 근데 차이는 spirit(정신, 자세)보다는, 주로 ability(능력), skill(기술)을 말하는 거죠. 제 머릿속에서 이 표현이 가장 먼저 떠오른 것은 일자리 공지나, 옛날 군대 모집 광고들이 떠오르네요. Do you have what it takes for this job?(이 일에 필요한 자질이 있는가?)

- I think you have what it takes to succeed.
  난 네가 성공할 수 있는 모든 능력을 가지고 있다고 생각해.

- He doesn't have what it takes. 그는 성공할 수 있는 자질이 없다.

- I know I have what it takes to be a doctor.
  난 내가 의사가 될 수 있는 충분한 자질이 있다는 것을 안다.

단어 & 표현

tough road 힘든 길   get though ~ ~을 견뎌내다   medical school 의대
ambitious 야망 있는, 포부가 있는

1 대화를 통해 배우는 핵심 표현

Chapter 15 에서 학습한 표현을 복습하며 응용해 보세요.

guts miss out take advantage of	well-off what it takes

Ethan   Hey Mike, I have some big news.

Mike   What?

Ethan   I just quit my job.

Mike   Are you serious? That must have taken a lot of **guts**.

Ethan   Yes, it was pretty scary, but I'm glad I did it.

Mike   Why did you quit?

Ethan   I didn't really enjoy that job so I decided I needed to make a change. I don't want to **miss out** on the best years of my life at a job that I don't like.

Mike   Wow, good for you. What are you going to do now?

Ethan   I'm not sure yet, but I'm going to find what I'm really passionate about.

Mike   You should start your own business. You're a great leader and a hard worker. I think you have **what it takes** to do it.

Ethan   I have always wanted to own my business.

Mike	You should talk to Mark. He has started three successful businesses in his life. He probably knows a lot about what you're going through.
Ethan	I will definitely **take advantage of** his knowledge and advice. I hope I'm as **well-off** as he is one day.

에단	마이크, 깜짝 놀랄 소식이 있어.
마이크	뭔데?
에단	나 직장 그만뒀어.
마이크	정말이야? 정말 큰 용기가 필요했겠다.
에단	응, 꽤 무서웠는데, 그만둬서 너무 기뻐.
마이크	왜 그만뒀어?
에단	별로 일을 즐기지 못했어. 그래서 좀 변화가 필요하다고 결심을 했어. 내가 싫어하는 직업을 하면서 내 생애 최고의 시간을 놓치고 싶지 않아.
마이크	와, 잘했네. 이제 뭐 할 거야?
에단	아직 잘 모르겠지만, 내가 정말 열정적으로 할 수 있는 것을 찾을 거야.
마이크	개인 사업을 시작하는 게 좋을 거 같아. 너 정말 멋진 리더고 일도 열심히 하잖아. 사업해서 성공할 자질을 넌 가지고 있다고 생각해.
에단	항상 내 사업을 하고 싶었어.
마이크	마크한테 이야기해봐. 걔 3개의 성공적인 사업을 했잖아. 아마도 뭘 해야 할지 알 거야.
에단	마크의 지식과 충고를 잘 활용해 볼게. 나도 언젠가 걔처럼 부자가 되길 희망해봐.

big news 놀라운 소식 make a change 변화를 주다 one day 언젠가

② 서포터즈들의 Q&A

Q1 **Unit 071** I don't think I would have the guts to do that.

용감한 사람을 간이 크다고 하는데 영어에 이런 표현이 있나요?

한국어는 간과 관련되는 표현들이 많죠. '간이 크다', '간이 부었네', '간이 배 밖으로 나왔다', '간이 콩알만 해지다' 등이요. 영어는 이렇게 표현합니다.

- 간이 부었다, 간이 배 밖으로 나왔다: reckless, foolhardy
- 간이 크다: courageous, bold, have the guts, have balls
- 간이 콩알만 해졌다: to be terrified, scared

Q2 **Unit 074** Either way, it looks like he's having a great time!

either way는 '이거나 저거나'라는 표현인데 그러면 both ways라고 해도 되나요?

both는 선택권이 두 가지가 있을 때 그것을 모두 포함하는 거예요. 반면에 either는 either A or B, 'A 또는 B', 결국 둘 중에 하나를 선택해야 하죠. 하지만 질문하신 것처럼 both ways, either way, both sides, either side는 어떨까요? 문법적으로 both 뒤에는 복수가 오고, either 뒤에는 단수가 와요. 예를 들어보죠. 주차를 하려고 보니까 이런 글이 쓰여있는 거예요. 어떤 것이 자연스럽나요?

A   You're not allowed to park on both sides of the road.

B   You're not allowed to park on either side of the road.

A)는 도로 양쪽에 주차하는 게 허락이 안 된다는 말인데요. 문제는 both라는 것을 생각해보시면, 이게 불가능한 일이죠. 동시에 왼쪽, 오른쪽 도로에 주차하는 거 자체가 불가능하죠. 왼쪽이나, 오른쪽이나 선택을 하고 주차를 하는 것이니 결국 either를 사용해서 '왼쪽도 안 되고, 오른쪽에도 주차 안 됩니다'라는 말이니 B)를 사용해요. 기억해야 할 것은 either이라는 것이 사전에 보면, '둘 중 하나'라는 의미 말고도 both의 의미가 있다는 것이에요. 예를 들어 운전하다 보니 '양쪽에 모두 나무들이 많아'라고 할 때 "There are lots of trees on both sides of the street."라고도 할 수 있지만, "There are lots of trees on either side of the street."도 맞는 것이죠.

a piece of cake 식은 죽 먹기
유사표현 no-brainer, walk in the park

MP3 & 동영상 확인

That was a piece of cake.

그거 정말 쉬웠어.

이 표현은 정말 쉬운 일을 말할 때 사용해요. 종종 어떤 일을 하고 그게 참 쉬웠다고 약간 자랑할 때 사용해요. 가끔은 쉽지 않은 일을 했는데 좀 터프하게, 능력 있는 사람처럼 보이고 싶어서 "Oh! That was a piece of cake."라고 하기도 하죠. 한국어의 '그거 껌이야' 정도의 느낌이라고나 할까요?

Luke	I heard you have a big English test tomorrow.
Jen	I do.
Luke	Shouldn't you be studying?
Jen	I'll be fine. The last one was **a piece of cake** for me.
Luke	Just because the last one was easy doesn't mean this one will be too.
Jen	Don't worry. I know I'll pass.

루크	내일 너 영어 시험 있다고 들었는데
젠	어.
루크	공부해야 하는 거 아냐?
젠	괜찮아. 지난번 시험은 나한텐 껌이었어.
루크	지난번 게 쉬웠다고 해서 이번 것도 쉽다고 할 순 없잖아.
젠	걱정 마. 통과할 거라는 걸 난 알아

룩룩 쌤의 코멘트

이것도 꼭 알아두세요!

쉬운 일을 말할 때 이 표현을 가장 많이 사용하지만 walk in the park도 종종 사용해요. 공원을 거니는 건 참 쉽고 편안한 일이죠. Math is my major. Solving this question is a walk in the park.(수학이 내 전공이야. 이 문제 푸는 것은 식은 죽 먹기지.)

• no brainer라는 표현도 비슷해요. no brainer는 brain이 필요 없을 정도로 쉬운 결정을 말할 때 사용해요. 아빠가 저한테 노트북 사줄까 아니면 차를 사줄까 하고 묻는다면 "(That's a) no brainer. I want a car."처럼 대답하면 되겠죠?

원어민의 코멘트

원어민은 이렇게 사용해요!

CJ

이 표현은 정말 쉬운 일을 할 때 사용해요. 여러분이 뭔가를 오랫동안 해왔고, 그 것을 마스터했다면, 결국 그 일은 여러분에게 a piece of cake가 되겠죠. 비록 그것이 다른 사람들에게는 어려울지라도 말이죠.

• The homework was a piece of cake. 그 숙제는 정말 쉬웠어.

• Running a marathon is a piece of cake to me. 나에겐 마라톤 달리는 건 너무 쉬워.

• Don't worry, it will be a piece of cake. 걱정마, 그거 매우 쉬울 거야.

단어 & 표현

just because ~ doesn't mean ... ~라고 해서 ...한 건 아니다

on a roll 계속 이기는, 승운을 타는, 순조롭게
유사표현 in the zone, on fire, have a hot hand

MP3 & 동영상 확인

He's on a roll.

개 잘나가.

이 표현은 계속해서 일이 잘 풀리고 운이 계속 따를 때 사용할 수 있어요. 포커를 하는데 계속 패가 좋거나 비즈니스를 하는데 하는 것마다 대박이 난다면 "I'm on a roll."이 딱입니다.

Luke	Have you been watching the school's basketball team recently?
Jen	I haven't seen any of them but I heard they're **on a roll**.
Luke	Yeah, they just won their seventh game in a row recently.
Jen	We might actually go all the way to the championship this year!

루크　최근에 학교 농구팀 봤어?
젠　아무것도 보진 못했는데, 내가 듣기론 정말 잘나간다고 하던데.
루크　응, 최근에 7번 연속으로 승리했어.
젠　우리 정말 이번 해에 챔피언 전까지 갈지도 모르겠네!

on a roll에서 roll이 굴러가는 것처럼 계속 앞으로 잘 나아가는 모습을 생각하면 이 표현이 계속 뭔가가 잘 풀린다는 것을 떠올리며 쉽게 기억할 수 있을 거예요.

- on a winning streak이라는 표현도 같이 기억하면 좋은데, '연승'이라는 표현이에요. "He's on a winning streak."이라고 하면 '그는 연승 중이야.'라는 말이죠.

- on fire와 in the zone이라는 표현도 비슷한 표현인데요. 온몸이 불타듯이 열정과 에너지로 똘똘 뭉쳐서 그 어떤 것도 멈출 수 없을 때 "I'm on fire."이라는 표현을 사용할 수 있어요. "In the zone."은 zone이 어떤 정해진 구역을 말하는 표현인데 여러분이 너무 어떤 것에 집중해서 뭔가를 잘 해낼 때 사용할 수 있어요. 보통 스포츠 경기에서 뭔가를 잘 해낼 때 많이 사용해요.

여러분이 뭔가를 하는데 정말 그것을 효율적으로 잘 해 낼 때 "You're on a roll."하는 거죠. 보통 스포츠 경기나 도박을 할 때 많이 사용해요. 계속 이기는 거예요.

CJ

- **He has been on a roll lately.** 그는 최근에 정말 잘나간다.

- **The team is on a roll.** 그 팀은 계속 승리 중이다.

- **I'm on a roll!** 나 일 잘 풀리고 있어!

in a row 연속으로(= straight)　all the way to ~ ~까지 쭉

up one's alley 능력에 맞는, 취미에 맞는
 유사표현 suited to one's interests, made for one, one's cup of tea

MP3 & 동영상 확인

This movie is right
up my alley.

이 영화 딱 내 스타일인데.

보통 누군가의 관심이나 능력에 맞는 뭔가를 말할 때 사용해요. 예를 들어 내가 코믹북을 좋아하거나, 마블 영화들을 좋아할 때 "It's right up my alley."라고 사용할 수 있어요. 여러분이 요리하는 것을 좋아하면, 요리 프로그램이 right up your alley 하는 거죠.

Luke	I got four free tickets to the film festival this weekend. Do you want to go?
Jen	I can't go this weekend. Why don't you ask Fred?
Luke	Why Fred?
Jen	He loves watching movies so I'm sure he'll want to go. It's right **up his alley**.
Luke	Good idea.

루크	이번 주말에 영화 축제 무료 티켓이 4개가 있는데, 갈래?
젠	난 이번 주말에 못 가. 프레드한테 물어보는 게 어때?
루크	프레드는 왜?
젠	걔 영화 보는 거 정말 좋아하거든. 확실히 가길 원할 거야. 딱 걔가 좋아하는 거거든.
루크	좋은 생각인데.

내 취향에 딱 맞는다는 표현은 그냥 간단하게 "I love this.", "I like it so much."처럼 표현해도 좋아요. 참고로 I'm a big fan of를 사용해서 '나 이 영화 정말 좋아해'를 "I'm a big fan of this movie."라고 해도 좋죠.

- '네가 좋아하고 잘하고 소중하게 생각하는 게 뭐야?'라고 물어보고 싶다면 간단하게 "What's your thing?" 이렇게 물어볼 수 있어요. '이건 내가 잘하고 좋아하는 거 아냐'는 "This is not my thing."이라고 해요.
- 그리고 마지막으로 "This is my cup of tea."라는 표현 역시 취향을 나타낼 때 사용해요.

원어민의 코멘트 원어민은 이렇게 사용해요!

이 표현은 다른 사람은 잘 못하지만 자기는 잘하고 좋아한다는 의미가 있어요. 그리고 다른 사람은 즐기지 않아도 자기는 즐기는 그런 것은 right up my alley라고 하죠.

CJ

- This class is right up your alley. 이 수업이 딱 네 취향인데.
- This club is right up my alley. 이 동아리 딱 내 스타일인데.
- I think this job might be right up my alley. 이 직업이 나한테 딱인거 같아.

단어 & 표현

Why don't you ~ ~하는 게 어때?

the best of both worlds 두 가지의 장점
유사표현 win-win, has everything

He has the best of both worlds.

그는 두 가지의 장점을 다 가지고 있어.

많은 경우 두 가지를 동시에 즐길 수는 없는데, 두 가지를 모두 즐길 수 있는 상황일 때 이 표현을 사용해요. 보통은 직장에서 연봉이 높으면 일의 강도가 매우 높고 워라밸을 즐길 수 없는데 연봉도 높고, 일도 너무 편하고 하면 "Your job has best of both worlds."한 거죠.

Erin	Have you seen Steven recently?
Jen	Yeah. I saw him in the library the other day. He's so handsome.
Erin	And he's really smart, too. How is that possible?
Jen	He has **the best of both worlds**. Too bad he already has a girlfriend.
Erin	He does?! That's disappointing.

에린	최근에 스티븐 봤어?
젠	응. 며칠 전에 도서관에서 봤어. 정말 잘생겼더라.
에린	또 똑똑하더라고. 어떻게 그게 가능한 거야?
젠	걔는 두 가지 장점을 다 가지고 있어. 근데 아쉽게도 여자친구가 있더라.
에린	정말? 실망이네.

룩룩 쌤의 코멘트

이것도 꼭 알아두세요!

the best of both worlds를 가지는 것은 드물죠. 그래서 특별한 상황에 사용이 되죠. 보통 누구나 가질 수 있는 장점에 대해서는 이 표현을 사용하지 않아요. 가지기 힘든 장점일 경우에 사용해요.

· 이 표현은 보통 "You can't have the best of both worlds."라고 사용을 해요. 제가 노트북(laptop)을 샀는데, 성능도 좋으면서 정말 가벼운 것을 원했는데 컴퓨터 전문가가 그러더라고요. 두 가지 장점을 다 가질 수 없다고. 이때 바로 "You can't have the best of both worlds."인 거죠.

원어민의 코멘트

원어민은 이렇게 사용해요!

이 표현은 두 가지 옵션을 다 가질 수가 없는데 어쨌거나 가지게 되었을 때 사용해요. 보통은 하나만 가질 수 있다고 생각하죠. 예를 들면, 여러분이 말레이시아 음식과 이탈리아 음식을 둘 다 좋아한다면, 둘 중에 하나를 선택해야지 두 가지를 다 먹긴 힘들죠. 근데 새로운 주방장이 이 두 가지를 결합한 퓨전음식을 만들었다면 "You would get the best of both worlds." 한 거죠.

● It has the best of both worlds. 그것은 두 가지의 장점이 있다.

● You can't have the best of both worlds. 둘 다 가질 순 없어.

● Buying a house offers the best of both worlds.
집을 사는 것은 두 마리의 토끼를 잡는 거야.

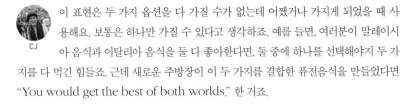

단어 & 표현

the other day 며칠 전 (It's) too bad (that) ~. ~하는 게 아쉽네.
disappointing 실망스러운

lose one's touch 기량이 떨어지다
유사표현 to not be good at anymore, mess up, fail

MP3 & 동영상 확인

I've lost my touch.

나 감을 잃었어.

이 표현은 점점 시간이 지나면서 예전에 잘했던 것을 조금씩 까먹어서 결국 감을 잃게 된다는 말이에요. 예전에는 잘했던 것을 시도하려고 하는데 잘 안 될 때 사용하죠. touch에서 '감'을 생각하고 lose가 '잃다'라는 말이니, '감을 잃다'와 일맥 상통하네요.

Luke	You missed a lot of shots today. Looks like you're **losing your touch**.
Mark	No way. I'm just as good as I've always been. I just need to get warmed up.
Luke	Oh yeah? Make this shot right now.
	(Mark misses shot)
Luke	See? You've **lost your touch**.

루크	오늘 골이 많이 안 들어가네. 너 감을 좀 잃은 거 같은데.
마크	말도 안 돼. 항상 그래왔던 거처럼 나 잘한다고. 몸 좀 풀어야 하는 거라고.
루크	어 정말? 한번 이번 거 넣어봐.
	(또 안 들어감)
루크	거봐! 너 감 잃었다니까.

예전에는 잘했지만 너무 연습을 안 해서 감을 잃었어요(**lost my touch**). 그래서 다시 복습하고, 연습을 할 때 brush up on이라는 표현을 사용해요. I haven't practiced Chinese for 10 years. That's why I've lost my touch. I should brush up on Chinese before I travel to China.(중국어 연습을 10년 동안 안 했어. 그래서 감을 잃었어. 중국에 여행 가기 전에 중국어 복습 좀 해야지.)

- lose touch는 keep in touch 처럼 touch가 '연락을 주고받다'라는 의미로 사용이 될 수 있어요. 그래서 "I lost touch with my friends."라고 하면 친구들하고 더 이상 연락이 되지 않는다는 의미예요.

원어민의 코멘트   원어민은 이렇게 사용해요!

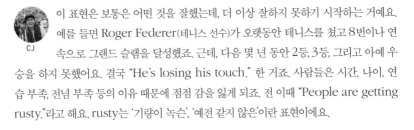

이 표현은 보통은 어떤 것을 잘했는데, 더 이상 잘하지 못하기 시작하는 거예요. 예를 들면 Roger Federer(테니스 선수)가 오랫동안 테니스를 쳤고 8번이나 연속으로 그랜드 슬램을 달성했죠. 근데, 다음 몇 년 동안 2등, 3등, 그리고 아예 우승을 하지 못했어요. 결국 "He's losing his touch." 한 거죠. 사람들은 시간, 나이, 연습 부족, 전념 부족 등의 이유 때문에 점점 감을 잃게 되죠. 전 이때 "People are getting rusty."라고 해요. rusty는 '기량이 녹슨', '예전 같지 않은'이란 표현이에요.

- He's lost his touch. 그는 감을 잃었어.

- It looks like you're losing your touch. 보니까 너 감을 잃은 거 같다.

- I don't want to lose my touch. 나 감을 잃고 싶지 않아.

단어 & 표현

get warmed up 몸을 풀다   See? 거봐!, 봤어?

1 대화를 통해 배우는 핵심 표현

Chapter 16 에서 학습한 표현을 복습하며 응용해 보세요.

a piece of cake **on a roll** **up one's alley**	**the best of both worlds** **lose one's touch**

Mike   Have you thought about what you want to do now that you have quit your job?

Ethan   I've been thinking about it a lot. I know it's risky, but I think I want to open a food truck.

Mike   You've always been great at cooking. I think opening a food truck would be right **up your alley**.

Ethan   I'm really passionate about food, but I think I need to practice cooking. I think I **lost my touch** from working so much.

Mike   Don't worry, it will be **a piece of cake**. You should talk to Ben, too.

Ethan   Oh yeah, he opened a restaurant a while ago and it's been doing really well, right?

Mike   Yeah. He's been **on a roll**; his restaurant wins awards every year.

Ethan   Good idea. I'll call him tomorrow.

Mike   I think a food truck would be really good for you. You can make great food and you also won't be tied down to one location. It's **the best of both worlds**.

마이크   직장을 그만두었으니 뭘 할지 생각해봤어?

에단   많이 생각해봤어. 좀 위험한 건 알지만, 푸드트럭을 오픈하고 싶어.

마이크   너 항상 음식 잘했잖아. 푸드트럭 오픈하는 건 딱 네 스타일일 거 같아.

에단   음식에 대해서는 열정이 있지, 근데 음식 하는 연습을 좀 해야 할 거 같아. 너무 일만
        하느라 감을 좀 잃어버린 거 같아.

마이크   걱정 마, 정말 쉬울 거야. 벤한테도 이야기 좀 해봐.

에단   응, 걔 얼마 전에 음식점 오픈했다고 알고 있는데, 잘하고 있지?

마이크   응. 정말로 잘나가. 매년 상을 받고 있거든.

에단   좋은 생각인데. 내일 전화해야지.

마이크   내 생각에는 푸드트럭이 너한테는 정말 좋을 거 같아. 좋은 음식도 만들 수 있고 한 곳에
        계속 있을 필요도 없고. 꿩 먹고 알 먹고지.

Have you thought about ~? ～ 생각해 본 적 있어? now that 이제 ～이니까
risky 위험한 be great at ~ ～을 정말 잘하다 be tied down to ~ ～에 얽매이다

2 서포터즈들의 Q&A

Q1 Unit 076 I heard you have a big English test tomorrow.

a big English test라고 했는데 원어민들은 중요한 일 앞에 big이라는 표현을 많이 사용하나요?

그렇습니다. 사전을 찾아봐도 '큰'이라는 의미 바로 뒤에 '중요한'이라는 의미가 나와 있어요. 일상적으로 가장 많이 사용하는 것을 제가 설명을 드리자면 a big decision(중요한 결정), the big day(주로 결혼식을 말함, 꼭 그런 건 아님), a big date(중요한 데이트) 식으로 사용할 수 있답니다.

Q2 Unit 077 We might actually go all the way to the championship this year!

all the way라는 부분에 대해서 확실히 다가오지 않는데 설명 좀 해주세요.

all the way라는 표현은 '쭉' 정도의 느낌이에요. 이렇게 일단은 느낌을 잡고 예문을 보시면 쉽게 이해가 됩니다. 이 정도면 확실하게 all the way의 느낌이 오시죠?

- Watch this all the way to the end. 이거 끝까지 쭉 보세요.
- I walked all the way home. 나 집까지 쭉 걸어왔어.
- I drove all the way here. 내가 여기까지 쭉 운전해 왔어.
- I will support you all the way. 내가 끝까지 쭉 널 서포트할게.

Q3 Unit 080 Looks like you're losing your touch.

주어 it이 없는데요. 왜 그런 거죠? 영어는 항상 '주어(S) + 동사(V)'로 시작한다고 했는데, 말할 때는 생략하고 말하나요?

모든 주어를 다 생략하진 않지만, 주어가 뭔지 확실한 경우, 특히 It과 의문문에서 "Do you ~?"나 "Are you ~?"는 자주 생략해요. It이라고 모두 생략하는 것은 아니고요. It looks like, It seems like, It sounds like, It feels like, It smells like, It tastes like를 보면 여기서 It은 약하게 발음이 되거나, 생략하고 말하는 경우도 많습니다. 여기에 있는 동사들이 오감동사라는 공통점이 있네요. "Do you want to go?"는 "You want to go?"라고 할 수 있고, 어차피 상대방에게 하는 것이니 "Want to go?"라고도 할 수 있어요.

17
Celebrities
유명인

down-to-earth 겸손하고 진솔한; 실제적인
유사표현 realistic, sensible, practical

MP3 & 동영상 확인

He's very down-to-earth.

걔 정말 솔직해.

down-to-earth는 정말 쿨한 사람을 말할 때 사용해요. 같이 있으면 좋은 사람이죠. 솔직하고, 현실적이고, 겸손하기까지 한 사람이죠. down-to-earth하지 않은 사람은 보통 남들보다 자기가 낫다고 생각하거나, 그리고 비현실적인 사고를 하는 사람을 말할 수 있어요.

Jen	Did you see that new K-pop singer on the talk show last night? He's so cool.
Erin	Yeah, actually I know him. We went to the same high school.
Jen	Are you serious? You are so lucky.
Erin	I guess I'm lucky to have a friend like him. He's really **down-to-earth**.
Jen	Oh. Really? Can you introduce me to him?

젠	어젯밤에 새로운 케이팝 가수 봤어? 정말 쿨하더라.
에린	응, 나 걔 알아. 우리 같은 고등학교 다녔어.
젠	진짜? 너 운 정말 좋다.
에린	그런 친구를 둔 게 좀 행운인 거 같긴 해. 정말 솔직하고 쿨한 애야.
젠	오, 정말? 나 좀 걔한테 소개해 줄 수 있어?

룰룰 쌤의 코멘트

유명인들이 일반인들처럼 대중교통도 이용하고, 특별하게 대단하다는 듯이 행동하지 않을 때 우리는 그런 사람들이 **down-to-earth** personality를 가지고 있다고 하죠. 보통은 유명해지면 거만해지고 개구리 올챙이 적 시절 생각 못 하는 경우가 많죠. 그런 사람에게는 "You were once a beginner, too!(너도 예전에는 초보였잖아!)"라고 할 수 있어요.

- down-to-earth하는 사람들은 보통 겸손하고, 현실을 잘 파악하죠. 그런데 그렇지 않은 사람들은 뭐라고 할까요? 한국어로 '콧대가 높다'고 하죠. 영어로도 nose in the air라는 표현을 사용해서 "He has his nose in the air.(걔는 정말 오만하다.)", 또는 생각이 현실이 아니라 이상(구름 속)에 있다는 의미로 head in the clouds를 사용해서 "He has his head in the clouds."라는 표현도 사용할 수 있어요. 비현실적인 daydreamer(공상가)를 말하는 거죠.

원어민의 코멘트

Dylan

간단하게 말하면, down-to-earth한 사람은 정말 나이스한, 쉽게 말도 걸고, 접근하기 쉬운 사람을 말해요. 매우 쿨하고 특별한 상황에서도 지나치게 오버하지 않죠. 정말 제대로 된 사람을 말할 때 긍정적으로 사용하는 표현이에요.

- I like his down-to-earth personality. 난 그의 솔직한 성격이 좋다.

- She seems very down-to-earth. 그녀는 매우 쿨해 보여.

- He's not very down-to-earth. 그는 별로 현실적이지 않아.

단어 & 표현

Are you serious? (놀라면서) 정말이야?

in someone else's shoes 남의 입장이 되어보다
유사표현 relate to, be empathetic

MP3 & 동영상 확인!

I wouldn't do it if I were in your shoes.

내가 네 입장이라면 안 하겠어.

인생을 살다 보면 종종 다른 사람의 입장을 생각하지 않고 자신의 입장과 경험으로 판단하는 경우가 있죠. 이 표현은 내가 상대방의 입장이 되어보자는 표현으로 역지사지와 일맥상통하는 표현이에요. Put yourself in someone else's shoes!(상대방의 입장에서 생각해봐!)

Luke	Did you hear about that famous actor on the news?
Jen	I heard he punched a photographer in the face at the airport. He must have been really angry.
Luke	I don't like him anymore. How mean do you have to be to punch someone that is just doing their job?
Jen	You might feel differently if you were **in his shoes**. Imagine if you were just trying to live your life and people were constantly following you around and taking pictures of you. That could be really annoying.
Luke	That's true. I never thought of it like that.

루크	너 뉴스에서 그 유명한 배우 소식 들었어?
젠	공항에서 사진사 얼굴에 펀치 날렸다면서. 정말 화가 났나 보네.
루크	난 더 이상 걔 좋아하지 않아. 자기 일하고 있는 사람에 펀치를 날리려면 얼마나 못된 사람인 거야?
젠	네가 걔 입장이었다면 다르게 느낄 수도 있을 거야. 너의 인생을 살려고 하는데 누가 계속 따라오면서 막 사진 찍고 그런다고 생각해봐. 정말 짜증 날 수 있어.
루크	네 말이 맞아. 그런 생각은 못 했네.

룩룩 쌤의 코멘트

이것도 꼭 알아두세요!

상대방의 입장에서 생각하는 것은 기본 중의 기본 예의(basic manners)죠. '내 입장이 되어봐!'라고 할 때 "Put yourself **in my shoes**!"라고 합니다.

- '내가 너의 입장이라면 난 ~ 할 텐데'라는 표현은 우리가 유용하게 할 수 있죠. 그럴 때 "If I were in your shoes, ~"라고 할 수 있어요. 하지만 간단하게 "If I were you, ~"라고 해도 좋죠.

- 꼭 shoes를 써야 하는 것은 아니에요. If I were in your place나 If I were in your situation 처럼 place, situation도 종종 사용해요.

원어민의 코멘트

원어민은 이렇게 사용해요!

Dylan

이것은 '다른 사람의 눈으로 상황을 보다'라는 말이에요. 어떤 상황에서 상대방의 관점을 고려하는 거죠. 인생을 살면서 매우 중요한 특성이고요. see through someone else's eyes, walk in their shoes는 종종 인생에서 많은 문제와 갈등을 해결하는 최고의 방법이에요.

- Imagine what it's like to be in their shoes. 그들의 입장이 어떤지 상상해봐.

- Put yourself in my shoes. 내 입장이 되어보라고.

- You should see what it's like to be in my shoes.
  내 입장이 되는 게 어떤지 너도 알아야 해.

단어 & 표현

punch ~ in the face ~의 얼굴에 펀치를 날리다 mean 못된 do one's job 자신의 일을 하다
live one's life 자신의 인생을 열심히 살다 follow around 졸졸 따라다니다
annoying 짜증 나게 하는

sell out (~을 위해) 신념을 버리다, 원칙을 버리다
유사 표현 betray

MP3 & 동영상 확인

He eventually sold out to the bigger company.

그는 결국 큰 회사에 붙어서 배신했다.

누군가가 sell out되는 다양한 경우가 있어요. 회사, 연예인, 정치인 모두 sell out할 수 있죠. 자신의 믿음을 버리고 이익을 위해서 하는 행동을 sell out한다고 하고, 그 행동을 하는 사람도 sellout이라고 할 수 있어요. '영혼을 판다(sell out)'라는 의미로 생각하면 기억에 오래 남겠죠?

Luke   Remember Joe's Pizza down the street?

Erin   I love that place! They use all fresh ingredients from local farms.

Luke   It used to be really good, but the quality has gone down ever since he sold his restaurant to a big corporation.

Erin   What a shame! He used to hate those big companies.

Luke   It looks like he **sold out** for the money.

루크   저 아래에 있던 Joe's Pizza 기억나?
에린   거기 좋지! 시골 농장에서 온 신선한 재료를 사용하잖아.
루크   정말 좋았었지. 근데 큰 기업에 피자 가게를 판매하고 나서 질이 많이 떨어졌어.
에린   안타깝네! 그 사람 예전에 그런 큰 회사들 싫어했었는데.
루크   돈의 노예가 된 거 같아.

룩룩 쌤의 코멘트
이것도 꼭 알아두세요!

제가 친구에게 비밀을 말했는데 친구가 이것을 다른 사람에게 얘기했어요. 약속을 지키지 않고 저를 배신한 거죠. 이때 "He **sold me out**."이라고 말할 수 있어요.

- 공연이나 스포츠 경기에서 표가 다 판매가 되었을 때도 sold out이라고 하죠. 그뿐만 아니라 물건을 다 판매했을 때도 sold out을 사용할 수 있어요. 룩룩 책을 사러 갔는데 다 팔린 상황에서 서점 주인이 "It is completely sold out.(완전 다 팔렸어요.)"이라고 할 수 있겠죠.
- buy는 '사다', sell은 '팔다'로만 알고 있는데요. 영어에서는 '말'도 살 수 있어요. 누가 무슨 말을 했는데 그것을 buy한다는 것은 결국 믿는다는 말이죠. "I don't buy it.(나 그거 안 믿어.)"처럼요. 물건을 사러 가서 "I'm sold."라고 하면 결국 설득당해서 그걸 사는 걸 의미해요. 또한 상대방이 뭔가를 말하는데, "I'm sold on it."이라고 하면 '(설득당해서) 그 말이 맞다'라는 말이죠.

원어민의 코멘트
원어민은 이렇게 사용해요!

Dylan

sell out은 보통 자신의 이익을 위해서 목표나 꿈을 포기한다는 말이에요. 마음 속으로 믿었던 것을 포기하는 거죠. 보통 연예인들이 자신의 길을 묵묵히 걸어가다가 더 많은 돈을 주는 회사가 있을 때, 예전과 다른 길을 걸으며 sell out 하는 것을 많이 볼 수 있죠. 종종 부정적인 의미로 사용돼요.

- She sold out. 그녀는 변절했어.
- It's sad to see them sell out. 걔들이 돈 때문에 변절하는 것을 보는 것은 슬프다.
- I hope they don't sell out once they become famous.
  난 그들이 유명해져도 돈에 굴복하지 않기를 바란다.

단어 & 표현

fresh 신선한 ingredient 재료 local 지역의, 지방의 ever since ~ ~이후로 계속
corporation 기업 What a shame! 안타깝네!

scratch the surface 수박 겉핥기 식으로 처리하다, 피상적으로 다루다
유사표현 superficial

The article only scratches the surface.

그 기사는 수박 겉핥기 식이야.

이 표현은 말 그대로 surface(표면)만 scratch(긁다) 하는 것이니 제대로 알지 못하고 그냥 표면적인 부분만 다룬다고 할 때 사용할 수 있어요. '수박 겉핥기 식으로'라는 표현이 있는데 그것과 일맥 상통한 표현이죠.

Luke	Have you met Bill? He's coming to the party tonight.
Erin	Oh really? Actually, I didn't really like him when I met him.
Luke	I also think he's hard to get along with at first, but you've only **scratched the surface**. He's a really nice guy once you get to know him.
Erin	Okay. I'll try to get to know him more tonight.

루크	빌 만나봤어? 오늘 파티에 오는데.
에린	오 정말? 사실, 걔 만났을 때 별로였어.
루크	나도 맨 처음엔 좀 어울리기가 힘들다고 생각했었는데, 너 걔 조금밖에 모르는 거야. 일단 알면 정말 좋은 애거든.
에린	알았어. 오늘 밤에 좀 알아가려고 해볼게.

이 표현은 어떤 부분에 대해서 거의 잘 모르는 상황을 말하는 것이기 때문에 그냥 우리가 아는 표현인 know를 사용해서 "I barely know it.", "I barely know him."처럼 말할 수도 있어요.

- 돈을 천만 원을 빌렸어요. 이번에 십만 원을 갚았죠. 그러면 결국 "It just scratched the surface of the amount I borrowed."라고 설명할 수 있겠죠.

 원어민의 코멘트　　　　　원어민은 이렇게 사용해요!

Dylan　　scratch the surface를 생각할 때 가장 먼저 떠오르는 것은 스포츠나 게임의 초짜예요. 몇 번 승리할 수 있도록 도와준 전략을 배운 후에 뭔가 아는 것 같지만, 실제로는 scratch the surface하는 것이죠. 실제로 배울 건 너무나 많은데 말이에요.

- **The reports only scratch the surface.** 그 보고서들은 단지 수박 겉핥기 식이다.

- **I only scratched the surface of the mystery.**
  난 단지 그 미스터리의 일부분만을 다뤘다.

- **The book only scratches the surface about him.**
  그 책은 그에 관에서 극히 일부만을 다루었다.

단어 & 표현

get along with ~ ~와 잘 지내다　at first 처음에는　once 일단 ~하면
get to know 알아가다

washed up 볼장 다 본, 더 이상 가망이 없는
유사표현 old, broken down, over the hill

MP3 & 동영상 확인

The old baseball player is washed up.

그 나이든 야구 선수는 한물갔죠.

이 표현은 예전에 잘나가던 사람이 지금은 그렇지 않다고 말할 때 사용하죠. 보통 물에서 잘 헤엄치던 물고기(잘나가던 사람)가 가끔 해변에 죽은 채(퇴물)로 발견될 때 washed up되었다고 하는데, 이것을 사람에게 적용하면 쉽게 이해가 되겠죠.

Luke	Did you see the new mafia movie?
Jen	Yeah. I saw it last night. I didn't really like it, though.
Luke	Why not?
Jen	I didn't like the actor who played the dad. He used to be a really good actor but he's kind of **washed up** now.
Luke	He's definitely not as good as he used to be.

루크   새로 나온 조폭 영화 봤어?
젠   응. 어제 저녁에 봤어. 근데 정말 별로였어.
루크   왜 안 좋았어?
젠   아빠 연기를 한 배우가 별로였어. 꽤 예전엔 괜찮은 배우였는데, 이젠 좀 한물갔어.
루크   확실히 예전 같지는 않더라.

이렇게 예전에 잘 나갔지만 한물간 사람을 over the hill이라고도 해요. 이것도 hill(언덕) 위로 올라가서 정상을 찍고 아래로 내려오는 것을 상상하시면 이제 한물갔다는 표현과 쉽게 매칭이 되죠. 전 아직 한물가지 않았어요. I'm not over the hill yet.

• 또 비슷한 표현으로 history와 a has-been도 사용해요. '걔는 한물갔어'라는 표현을 "He's history.", "He's a has-been."이라고 할 수 있죠.

 원어민의 코멘트   원어민은 이렇게 사용해요!

Dylan

washed up은 자신의 커리어의 끝자락이거나 전성기(prime, heyday)가 지났을 때를 말하죠. 전 개인적으로 이 표현을 스포츠에 항상 사용하는데요. 예전에는 정말 잘했지만 이제는 나이가 들어서 더 이상 그런 성과가 나지 않는 사람을 말하죠. 아마도 그들의 운동신경이나 열정이 식은 거겠죠.

● He's washed up. 그는 한물갔어.

● The old singer is washed up. 그 나이든 가수는 한물갔다.

● That baseball player is washed up. 그 야구 선수는 한물갔다.

 단어 & 표현

play ~역을 하다   kind of 약간, 좀
not as good as he used to be 예전같이 좋지[잘하지] 않다

1 대화를 통해 배우는 핵심 표현

Chapter 17 에서 학습한 표현을 복습하며 응용해 보세요.

down-to-earth **in someone else's shoes** **sell out**	**scratch the surface** **washed up**

Carrie   Have you heard of Roy Choi?

Kelly   Isn't he that famous Korean-American chef in Los Angeles that started out by making a food truck?

Ethan   Yeah, when I went to Los Angeles, I tried his taco truck. It was amazing.

Carrie   He has a new cooking show, too. He seems like a really **down-to-earth** person.

Ethan   It's nice to see celebrities like that when so many other famous people tend to **sell out**.

Kelly   I think it's really easy to judge celebrities, but in reality, we can't even **scratch the surface** of who they really are.

Ethan   That's true. It's hard to put ourselves **in their shoes** sometimes.

Carrie   Speaking of celebrities, did you guys see that new Star Wars movie?

Ethan   I didn't like it. Some of those actors are **washed up**.

캐리	로이 최에 대해 들어봤어?
켈리	LA에서 푸드트럭 시작해서 유명해진 한국계 미국인 요리사를 말하는 거 아냐?
에단	응, LA에 갔을 때, 그의 타코 트럭에서 먹어 봤는데. 정말 맛있었어.
캐리	걔 새로운 요리 쇼도 운영해. 정말 쿨하고 솔직한 사람 같더라고.
에단	정말 그런 유명인을 만나는 것은 좋아, 특히 정말 많은 유명인이 변질하는 경향을 봤을 때 말이지.
켈리	유명인들을 판단하는 것은 정말 쉬울 수도 있지만, 현실은 정말 그들이 누군지 우린 정말 조금도 제대로 모른다는 거야.
에단	맞아. 그들의 입장이 되어서 생각하는 것은 어려운 일이지.
캐리	유명인 이야기 나왔으니 말인데, 너희들 새로 나온 스타워즈 영화 봤어?
에단	별로야. 몇몇 배우들은 한물갔어.

start out (사업, 일을) 시작하다 celebrity 유명인(보통은 연예인)
but in reality 하지만 현실은, 사실은 speaking of ~ ~ 이야기가 나와서 말인데

2 서포터즈들의 Q&A

Q1 Unit 081 I guess I'm lucky to have a friend like him.

I guess에 I think를 집어넣어도 자연스러운 거 같은데 I think와는 어떤 차이가 있나요?

일단 I think는 자신의 의견을 말할 때 사용해요. 간단하죠. I guess는 상황에 따라 쓰임이 좀 달라서 몇 가지 상황을 통해서 설명해 드릴게요. QR 코드를 스캔해서 추가 설명을 확인해보세요.

- 약간의 놀람, 그전에는 몰랐던 것
  I guess it's gonna rain tonight. (비가 안 올 줄 알고 나갔는데 모두들 우산을 들고 다니는 상황)

- 마지못해서 그러고 싶진 않지만 '뭐 어쩔 수 없네'의 느낌
  I guess I have to close down my business. (계속 적자가 나서 음식점 문을 닫아야 하는 상황)

- 확신이 떨어짐
  I guess this is right. (이게 맞는지 확실히 모르는 상황)

Q2 Unit 082 I heard he punched a photographer in the face at the airport.

얼굴을 때린 건데 on the face가 아니라 in the face가 된 거죠?

가끔은 전치사 뭐가 올까 따지는 것 자체가 스트레스가 되고 자연스럽게 말하는 것을 방해하기도 합니다. 하지만 한국인이 입장에서 헷갈릴 수 있을 거 같네요. 일단 펀치를 날려서 주먹이 on the face된 다고 하면 꼭 주먹이 그 표면에서 멈추는 느낌이에요. 가끔 가다가 연인끼리 장난할 때 여자가 남자한테 이런 식으로 얼굴에다가 주먹을 대는 경우가 있잖아요. 하지만 in the face라고 하면 주먹을 날려서 얼굴이 inward(안으로) 들어가는 것을 생각해보세요. 복싱 선수가 얼굴 한 대 맞을 때 푹 들어가는 것을 생각하면 in the face라고 하는 거죠. 자주 사용하는 표현을 확인해 보겠습니다.

- I'll slap you in the face! 내가 싸대기 날려 버릴 거야!
- I'll punch you in the stomach! 배를 날려 버릴 거야!

change of heart 변심
유사표현 change one's mind, have second thoughts

MP3 & 동영상 확인

She had a change of heart.

그녀는 마음이 변했어요.

이 표현은 '진지한 문제에 있어 마음이 변하다'라는 말이에요. 어떤 사람에 대한 감정이나, 정치적인 믿음 등 진지하고 심각한 것에 대해서 의견을 바꿀 때 이 표현을 사용해보세요.

Luke	Did you see the president's speech yesterday?
Jen	It was very moving. I didn't know he could speak so well.
Luke	He said a lot of really great things.
Jen	Yeah, I agree. Even my dad, who has always hated him, thought his speech was really good.
Luke	Maybe he'll have a **change of heart** and start supporting him.
Jen	That would be a miracle.

루크	어제 대통령 담화 봤어?
젠	정말 감동적이었어. 그렇게 말을 잘할 수 있는지 몰랐어.
루크	정말 좋은 것들을 많이 말하더라고.
젠	응. 나도 동의해. 심지어는 정말 대통령을 싫어하는 우리 아버지도 그의 연설이 정말 좋았다고 했어.
루크	아마 아버지가 마음을 바꾸고 그를 지지할지도 모르겠네.
젠	그럼 기적이겠다.

change of heart는 진지한 부분에 사용됩니다. 그냥 매일 있는 일에 사용하려면, change my mind로 사용하면 돼요. 오늘 아침에 평소 먹던 메뉴가 아니라 다른 것을 먹는다면 그냥 change my mind라고 하면 됩니다. "I was going to eat an apple for breakfast, but I changed my mind and bought a sandwich.(아침으로 사과를 먹으려고 했는데, 마음을 바꿔서 샌드위치를 샀어.)"처럼요.

- have second thoughts라는 표현도 있는데요. 어떤 결정을 하고 나서, '잠깐 다시 한번 생각(second thoughts)해봐야겠다'는 말을 할 때 사용할 수 있죠. 동생이 결혼을 한다고 했는데 자꾸 혼자 사는 게(stay single) 어떠냐고 얘기한다면 "Are you having second thoughts about getting married?"라고 할 수 있겠죠.

원어민의 코멘트　　　　　　　　　　원어민은 이렇게 사용해요!

Dylan

이것은 뭔가 새로운 정보를 얻은 후, 자신의 입장, 의견을 바꿀 때 사용해요. 어떤 것이나 누군가에 대한 생각이 갑자기 큰일이 발생하고 나서 바뀔 수 있죠. 그럴 때 a change of heart가 적당한 표현이죠. 깊고, 진지한 믿음의 변화를 말해요.

- He had a change of heart after the accident. 그는 사고 후 심경의 변화를 겪었다.
- She might have a change of heart. 그녀는 심경의 변화가 있을 수 있어.
- I had a change of heart after I saw her cry. 난 그녀가 우는 걸 보고 심경이 바뀌었어.

단어 & 표현

moving 감동적인　miracle 기적

burn one's bridges 관계를 정리하다, 인연을 끊다, 돌이킬 수 없게 되다
유사표현 never go back, kick down the ladder

MP3 & 동영상 확인!

Make sure you don't burn your bridges.

돌아갈 여지는 남겨둬.

이 표현은 인생에서 크게 안 좋은 일이 생겼을 때 사용을 해요. 예를 들면, 여러분이 직장에서 잘리거나, 친구하고 싸우거나, 연인과 헤어지거나 할 때 말이죠. 단지 화가 나서 상대방이 받아들일 수 없을 정도로 크게 화를 내거나, 연을 끊거나 하는 것은 결국 burn your bridges하는 것이고 결국 돌이킬 수 없게 되는 것이죠.

Erin	Kyle quit his job yesterday.
Luke	It's about time. He's been complaining about his boss for months.
Erin	He finally got fed up with him and stormed into his office and spoke his mind.
Luke	He must have said some really bad things.
Erin	I heard he screamed at him.
Luke	Well, looks like he **burned those bridges**.
Erin	Yeah, he'll never be able to work there again.

에린	어제 카일이 직장 그만뒀대.
루크	그럴 때도 됐지. 몇 달 동안이나 계속 상사 욕하더라고.
에린	결국 상사한테 질려서 사무실에 박차고 들어가서 속에 있는 말을 했대.
루크	정말 안 좋은 말을 했겠지.
에린	상사한테 소리 질렀다고 들었어.
루크	음, 돌이킬 수 없는 일을 한 거 같네.
에린	응, 다시는 거기서 일을 못할 거야.

보통 직장을 그만둘 때 직장 상사나 동료들과도 keep in touch(계속 연락하다)하는 게 좋아요. 상사 욕도 열심히 했었는데, 막상 직장을 그만두고 나가보니 다른 직장도 안 잡히고 결국 백수가 되었다고 생각해봐요. 이미 **burn the bridges**했기에 다시 돌아갈 수도 없고 참 힘든 상황이죠.

원어민의 코멘트　　　　　　　　　원어민은 이렇게 사용해요!

Dylan

전 제 인생을 살면서 burn the bridges를 정말 너무 많이 했어요. 그건 바로 같이 일했던 사람들하고 연락을 끊어버리는 거였죠. 만약 burn the bridges 하게 되면, 이미 돌아갈 수 없게 되는 거죠. 안 좋은 거고 절대로 똑똑한 결정이 아니에요.

- He burned his bridges with his old company. 그는 예전 회사와 연을 끊었다.

- I try to never burn my bridges with people.
  난 사람들과 인연을 절대 끊으려고 하지 않는다.

- You just burned your bridges by sharing his secret.
  넌 걔의 비밀을 공유함으로써 걔랑 연을 끊은 거야.

단어 & 표현

It's about time. 그럴 때도 되었지.　fed up 지긋지긋한, 신물이 난
storm into ~ ~에 박차고 들어가다　speak one's mind 솔직하게 터놓고 말하다

get away with (나쁜 짓을 하고도) 처벌을 모면하다[그냥 넘어가다]

유사표현 escape punishment, avoid punishment

MP3 & 동영상 확인

She got away with everything.

그녀는 모든 것을 무사히 넘겼어.

뭔가 잘못을 했으면 벌을 받아야죠. 그런데 가끔 세상은 공정하지 않죠. 아내 몰래 바람피웠는데 안 걸리고 지나가는 것, 몰래 물건을 훔쳤는데 안 걸리고 지나가는 것 등 이렇게 잘못을 하고도 문제없이 지나가는 경우 get away with라는 표현을 사용할 수 있어요.

Luke	Did you hear Kristen cheated on her test and passed?
Erin	No way! How did she do it?
Luke	She wrote all of the answers on her hand.
Erin	I can't believe she **got away with** that.
Luke	I'm sure she will get caught next time she will do it again.

루크	너 크리스틴이 시험 커닝하고 통과한 거 들었어?
에린	말도 안 돼! 어떻게 그렇게 했대?
루크	손에다가 모든 답들을 적었대.
에린	그러고도 안 걸렸다는 게 믿을 수 없어.
루크	다음에도 그러면 분명 걸릴 거야.

get away with가 아닌 단독으로 또는 from이라는 전치사와 쓰이게 되면 '누구, 장소, 상황으로부터 벗어나다'라고 해석이 되죠. I decided to go on a trip to get away from my busy life.(바쁜 생활에서 벗어나기 위해 여행을 가기로 했어요.), Get away from me!(나한테서 떨어져!)

· 보통 미드나 시트콤을 보면 "You're not going to get away with this.", "You can't get away with this."라는 말이 종종 들리는데요. 상대방에게 경고하는 말이죠. '너 이런 나쁜 일 하는 거 결국 벌 받게 될 거야'라는 말이에요.

 원어민의 코멘트　　　　　 원어민은 이렇게 사용해요!

이것은 누군가가 해서는 안 될 일을 했는데 아무런 처벌을 받지 않은 것을 말해요. 예를 들면, 아이가 뭔가 규칙을 어기고 잘못했는데 부모님이 훈육을 안 하면
Dylan　결국 아이는 그 잘못한 것을 get away with 한 거죠. 제가 어렸을 때, 영화관에 몰래 들어가서 봤던 적이 있어요. 그러면 안 되는데 말이죠. 근데 결과적으로 안 걸렸어요. "I got away with it." 한 거죠.

· He got away with stealing from the store. 그는 가게에서 훔친 것을 모면했다.

· The students got away with copying their homework.
그 학생들은 숙제를 베낀 것을 걸리지 않고 지나갔다.

· She got away with cheating on her boyfriend.
그녀는 남자친구 몰래 바람피운 것을 걸리지 않고 지나갔다.

단어&표현

cheat on the test 시험에서 부정행위하다　No way! 말도 안 돼!
get caught 걸리다　next time ~ 다음에 ~하면

see eye to eye 견해가 완전히 일치하다
유사표현 agree, have the same opinion

MP3 & 동영상 확인

They don't see eye to eye.

걔들은 의견이 맞지 않아요.

이 표현은 상대방과 의견을 같이한다는 말이에요. 눈과 눈을 마주하고 서로의 의견에 동의하는 모습을 상상해보시면 쉽게 기억할 수 있을 표현이에요.

Luke	I'm traveling to Philadelphia next week.
Jen	I have a cousin that lives over there.
Luke	Can you introduce me to him? Maybe he can show me around.
Jen	Actually, we haven't talked in years.
Luke	Why?
Jen	We don't really **see eye to eye** on a lot of things. The last time we talked, we got in a huge fight about politics.

루크	나 다음 주에 필라델피아에 여행 가.
젠	나 거기 사는 사촌 있는데.
루크	나 좀 걔한테 소개해 줄 수 있어? 걔가 나 구경시켜 줄 수 있지 않을까?
젠	사실, 몇 년 동안이나 이야기를 안 했어.
루크	왜?
젠	많은 부분에서 서로 의견이 달라. 마지막으로 대화했을 때 정치 이야기로 대판 싸웠어.

룰룰 쌤의 코멘트

'동의하다', '동의하지 않다'를 간단하게 agree, disagree를 사용해서 나타낼 수도 있지만, **seeing eye to eye**는 단순하게 어떤 것에 대해서 동의하는 것보다는 좀 더 의미 있는 부분에 대해 관점을 함께한다는 의미로 사용이 되죠. 그리고 보통은 부정으로 "We don't see an eye to eye on this."으로 사용되어서 의견이 다르다는 것을 나타낼 때 많이 사용해요.

• 사실 더 많이 나오는 표현은 on the same page라는 표현인데요. 상대방하고 이야기하다가 상대방도 내가 이해하는 것처럼 이해하고 있는지 확인할 때 "Are we on the same page?" 라고 말할 수 있어요.

원어민의 코멘트

Dylan

이 표현은 뭔가에 동의할 때 쓰죠. seeing eye to eye하게 되는 것은 사람들을 더 가깝게 지내도록 도와주는 거죠. 만약 누군가와 see eye to eye한다면, 무언가를 같은 방식으로 보는 걸 의미해요. 종종 거기에서 좋은 인간관계가 싹트게 되죠.

• We don't see eye to eye. 우리는 서로 의견이 일치하지 않아.

• I don't see eye to eye with him. 걔랑 나랑 의견이 달라.

• They see eye to eye with each other. 그들은 서로 의견이 같아.

단어 & 표현

cousin 사촌 show ~ around ~를 구경시켜주다 in years 몇 년 동안이나
get in(to) a huge fight about ~ ~에 관해 대판 싸우다

grey area 애매한 영역, 어중간한 영역
유사 표현 ill-defined, ambiguous, borderline case, unclear

MP3 & 동영상 확인

This is a grey area.

Grey Area

이건 애매모호해.

검은색이면 검은색이고 흰색이면 흰색인데 그것을 합쳐놓은 회색은 뚜렷하게 구별이 안 된다는 뜻에서 나온 표현이 grey area입니다. 결국 애매모호하다는 표현이에요. 예를 들면, 어떤 일이 합법인 거 같기도 하면서 불법인 거 같기도 하면 그것은 a grey area에 있는 거죠.

Luke	Did you hear about Jenny and Michael? They're dating now.
Jen	Don't they work together?
Luke	Yeah, they both work for that accounting firm.
Jen	I thought dating coworkers wasn't allowed there.
Luke	I think it's kind of a **grey area** there. They're not supposed to date, but it's not exactly against the rules.
Jen	As long as they don't get fired, good for them.

루크	제니하고 마이클 소식 들었어? 걔들 데이트 중이래.
젠	둘이 같이 일하는 거 아니야?
루크	응, 걔들 둘 다 회계법인에서 일해.
젠	사내 연애는 허락이 안 되는 줄 알고 있는데.
루크	내 생각엔 그게 애매모호한 거 같더라고. 연애하는 것은 안 되게 되어 있는데, 그게 정확하게 규칙에 어긋나는 건 아니라서.
젠	뭐 잘리지만 않는다면, 걔들한텐 잘 된 거지.

유튜브를 하시는 분들 많죠. 그런데 유튜버가 수익을 내면서 세금을 어떻게 내야 하는지, 정부의 입장에서는 세금을 어떻게 추징하는지 그 부분에 대해서 기존의 법으로는 어떻게 말하기 곤란하고, 애매모호한 부분이 있죠. 그러면 그때 "It's a grey area."라고 말할 수 있어요.

- black and white는 아주 확실히, 명확하게 판단할 수 있는 건데, "It's not black and white."라고 하면 결국 a grey area(애매모호한 것)와 같은 표현이 되죠. 미국의 이민 문제는 딱 이게 맞고, 저게 틀리고 한 게 아니죠. Immigration isn't a black and white issue.
- 결국 a grey area는 확실하지 않은 부분이니까 unclear(명확하지 않은), ambiguous(애매모호한), fuzzy(흐릿한) 등의 표현으로도 대체할 수 있어요.

Dylan

이것은 뭔가 일어나는 상황에 대해서 규칙으로 판단을 하기 힘들 때 사용이 돼요. 전에 일어나지 않은 상황이어서 전혀 어떻게 하는 것을 모를 때 사용이 되죠.

- It's kind of a grey area. 약간 불명확해.
- This question falls in a grey area. 이 질문은 약간 명확하지 않아.
- This is a grey area of the law. 이것이 법적으로 약간 애매모호해.

단어 & 표현

accounting firm 회계법인, 회계사무소   not exactly 정확히 꼭 그런 건 아니다
against the rules 규칙에 어긋난

1 대화를 통해 배우는 핵심 표현

Chapter 18 에서 학습한 표현을 복습하며 응용해 보세요.

change of heart	**see eye to eye**
burn your bridges	**grey area**
get away with	

Ethan   Hey mom, I have some really big news.

Janet   What is it, son?

Ethan   I'm going to ask Samantha to marry me.

Janet   Oh my gosh! That's so exciting. Did you ask her parents?

Ethan   Well, that's the problem. Samantha's father and I don't really **see eye to eye** right now.

Janet   Why not?

Ethan   Because I quit my stable job. I think he would prefer it if I went back to it before marrying his daughter. What do you think I should do?

Janet   I see. I guess it is kind of a **grey area**. I want you to follow your passion, but it is important that you have his support before you get married.

Ethan   That's the problem.

Janet   Maybe if you explain to him about how passionate you are about your new business idea, he will have a **change of heart**.

Ethan   Good idea. I will try to explain it to him.

Janet   Most importantly, be honest with him. You don't want to **get away with** lying to your new father-in-law when you start a family.

Ethan   Yes, that's true.

Janet	Meanwhile, make sure you don't **burn your bridges** at your old job, just in case you need a back-up plan.
Ethan	I know. I still have a great relationship with my old boss.

에단	엄마, 나 정말 큰 소식이 있어요.
자넷	뭔데, 아들?
에단	저 사만다에게 청혼할 거예요.
자넷	와우! 정말 신나는데. 사만다 부모님한테는 물어본 거야?
에단	음, 그게 문제예요. 사만다 아버지와 제가 좀 맞지 않는 부분이 있어서요.
자넷	왜 맞지 않는데?
에단	왜냐면 안정적인 직업을 그만두어서요. 결혼하기 전에 직장으로 다시 돌아가기를 원하는 거 같아요. 어떻게 해야 하죠?
자넷	그렇구나. 좀 애매모호하다. 난 네가 열정을 쫓았으면 하는데, 또 결혼 전에 아버지의 지지를 받는 것도 중요하니까.
에단	그게 문제예요.
자넷	네가 사만다 아버지한테 새로운 사업 아이디어에 대해서 얼마나 열정이 있는지 설명하면, 아마도 마음이 변하실 거야.
에단	좋은 생각이에요. 한번 설명하려고 노력해볼게요.
자넷	가장 중요한 것은, 솔직해져야 해. 가정을 이루는데 장인이 될 분한테 거짓말하고 상황을 모면하려고 하면 안 되지.
에단	네, 맞아요.
자넷	그건 그렇고, 예전 직업에 일했던 사람들하고 연락 끊고 그러지 마. 차선책이 필요할 수 있을 경우를 생각해서 말이야.
에단	알아요. 예전 보스하고 정말 좋은 관계를 유지 중이에요.

stable job 안정적인 직업 prefer ~을 더 좋아하다
I see. 그렇구나. 알겠어. most importantly 가장 중요한 것은 be honest with ~ ~에게 솔직하다
You don't want to ~. ~안 하는 게 좋을 거야.(부드러운 충고)
father-in-law 장인 start a family 가정을 꾸리다 meanwhile 한편, 그건 그렇고
just in case 혹시나 모르니까, 만약을 대비해서 back-up plan 차선책(= plan B) old 예전의

2 서포터즈들의 Q&A

Q1 Unit 086 That would be a miracle.

원어민들이 would be라는 표현을 사용하는 것을 종종 듣는데요. would be의 정확한 느낌을 알고 싶어요.

would는 정말 너무나도 다양한 쓰임새가 있지만, 일단 질문하신 것에 포커스를 두고 답변해 드릴게요. would라는 표현은 현실과의 거리감이 있다는 느낌이 있습니다. "That would be a miracle."은 '실제로 그런 일이 일어난다는 상황이 온다면(그렇기는 쉽지 않겠지만) 정말 기적일거야.'라는 정도의 의미죠. 보통은 뒤에 if라는 것이 생략되어 있다는 느낌이 듭니다. 그런데 원어민들이 정중한 표현을 will의 완곡한 표현인 would를 사용하다 보니까, 그런 상황이 발생할 가능성이 높아도 would를 사용하는 경우도 종종 있습니다. 그 대표적인 것인 "That would be great."입니다. 예를 들어 "Would you like something to drink?"라고 할 때 그것이 일어날 가능성이 적은 게 아니잖아요. 공손하게 하려고 "That would be great."라는 말을 사용하는 것 아닌가요?

Q2 Unit 089 I have a cousin that lives over there.

여기서 over there라고 했는데, 그냥 there라고 하면 안 되나요? over there의 느낌 좀 알고 싶어요.

over there는 손으로 가리키면서 '저기에' 정도의 느낌인데요. "Could you put this over there on the table?"이라고 하면 '저기 테이블 위에 좀 놓을래요?'라는 의미죠. 하지만 over there라는 곳은 손으로 가리킬 위치가 아니더라도 사용할 수 있어요. 위 문장인 "I have a cousin that lives over there."도 over there라는 곳이 다른 도시를 말하는 거잖아요.

"I went over to Busan."이란 문장에서 go over to ~는 손으로 가리키는 느낌이 들어서 약간 가까운 거리의 느낌이 들어요. 친구가 놀러 오라고 할 때 "Come to my house."라고 하지만 "Come over to my house."라고 해도 같은 의미이지만 over가 나왔으니 별로 멀지 않은 곳에 위치했다는 느낌이 드는 것이죠.

Planning for the future
미래 계획

get cold feet (계획했던 일에 대해) 갑자기 초조해지다, 겁이 나다

유사표현 anxious, distressed, nervous, scared

MP3 & 동영상 확인

She got cold feet before the wedding.

그녀는 결혼식을 앞두고 초조해했어.

원래 하기로 계획되어 있었던 것인데 막상 하기 전에 갑자기 겁이 날 때 get cold feet이라는 표현을 사용해요. 번지점프를 한다거나, 운전을 처음 한다거나, 결혼을 한다거나, 발표를 한다거나 보통 중요한 일 전에 사용하는 표현이죠.

Luke	Are you going skiing with Marcus?
Erin	Yes, but I'm starting to **get cold feet**. I've never been skiing before.
Luke	Don't worry. If you tell Marcus you are a beginner, he will help you out.
Erin	I hope so.

루크	마커스하고 스키 타러 갈 거야?
에린	응, 근데 좀 초조하기 시작해. 나 스키 타본 적이 없거든.
루크	걱정 마. 마커스한테 네가 초보라고 말하면, 널 도와줄 거야.
에린	그러면 좋겠다.

getting cold feet은 단순하게 긴장하고(nervous, anxious), 걱정하고(worried), 두려워(scared)하는 것과는 좀 달라요. 이런 감정들은 보통 일반적인 상황에서 쓰지만, get cold feet은 특별히 큰 행사(big event) 상황에서 쓰이죠. 앞에서 언급했던 것처럼 결혼식이나, 대중 앞에서 발표를 한다거나 하는 상황에서요.

· 이 표현과 함께 **drag one's feet**이라는 표현도 같이 알아볼게요. drag는 끄는 거죠. 발을 끄는 것을 상상해보면, 가기 싫은데 억지로 끌려가는 느낌이 들지 않나요? 아들이 포경수술을 해야 하는데 가고 하니까 **drag his feet**(꾸물거리다, 늦장을 부리다) 하네요.

원어민의 코멘트 원어민은 이렇게 사용해요!

Kelly

이것은 주로 결혼하는 상황에서 많이 쓰여요. 하지만 이민이나, 직장을 그만두거나 하는 큰 인생의 변화 앞에서도 사용할 수 있어요. 이런 상황에서 "Why am I doing this?(내가 왜 이걸 하지?)", "Is this the right decision?(이게 제대로 된 결정이야?)", "Is this really the right choice?(이 선택이 옳은 거야?)" 이런 말을 자신에게 끊임없이 하죠.

· He got cold feet before quitting his job. 그는 직장을 그만두기 전에 겁을 먹었다.

· The criminal got cold feet before the robbery. 그 범죄자는 털기 전에 겁먹었다.

· I always get cold feet before taking a flight.
난 항상 비행기 타기 전에 겁먹고 긴장한다.

단어 & 표현

go skiing 스키 타러 가다 help ~ out 어려운 상황에 있는 ~를 도와주다

make sense 이해가 되다. 의미가 통하다. 타당하다. 말이 되다
유사표현 become clear, be reasonable, be understandable

MP3 & 동영상 확인

This math problem doesn't make sense.

이 수학 문제 정말 이해가 가지 않아.

이 표현은 뭔가를 명확하고 쉽게 이해를 했을 때, 또는 뭔가가 이치에 맞고 합리적일 때 사용해요. 긍정적인, 또 부정적인 경우에도 사용하죠. 예를 들면 다음처럼 쓰일 수 있어요. It makes sense to save money every month.(매달 돈을 저축하는 게 합리적이야.), It doesn't make sense to take a shower now if you're going to work out right after.(바로 운동할 거면 지금 샤워하는 것은 말도 안 되는 소리지.)

Luke	I heard your daughter just graduated from college!
Erin	Yes, she's finally finished.
Luke	What is she planning on doing next?
Erin	She's going to take a little break. She's been working so hard recently.
Luke	That **makes sense**. She should get some rest.

루크　　딸이 갓 대학을 졸업했다고 들었는데!
에린　　응, 드디어 학업을 끝냈어.
루크　　다음에는 뭐 할 계획이래?
에린　　잠시 쉴 거야. 최근에 너무 열심히 일을 해서.
루크　　일리가 있네. 좀 쉬어야 해.

룩룩 쌤의 코멘트
이것도 꼭 알아두세요!

'뭔가를 이해하다'라는 뜻으로 원어민이 가장 많이 사용하는 표현은 "I get it.", "I got it." 이에요. 물론 "I understand it."이라고도 하죠. 그리고 make sense를 사용하면 앞에 설명한 것을 that이나 it으로 받아서 "That makes sense." 또는 "It makes sense." 라고 할 수 있어요. Does this make sense?(제가 말한 거 이해하세요?)

- 제가 욕심이 좀 있어서, 원어민들이 스피킹에서 많이 사용하는 상대방의 말에 동의하고 이해할 때 사용하는 표현들을 좀 정리해볼게요. Gotcha, I'm with you, Sounds good, Sure, Of course, Absolutely, Definitely, Totally, Right 등 다양합니다.

원어민의 코멘트
원어민은 이렇게 사용해요!

Kelly

만약 뭔가가 makes sense하다는 것은 그것을 하는 게 맞는 것처럼 보인다는 말이죠. 쉽게 말하면 명확하게 이해할 수 있고, 합리적이라는 말이에요.

- **This doesn't make sense.** 이거 말이 안 돼.

- **That makes sense.** 그거 말이 되네.

- **It makes sense to plan ahead.** 미리 계획하는 게 실질적으로 도움이 되지.

단어 & 표현

graduate from 졸업하다

---

up in the air 아직 미정인

유사표현 uncertain, undetermined

MP3 & 동영상 확인

Our plans are still up in the air.

우리의 계획들은 아직 미정이에요.

이 표현을 이해하기 위해서 다음을 그려 보세요. 동전(coin)을 위로 던졌어요. 그러면 공중에서(up in the air) 돌겠죠. 이렇게 up in the air할 때 결과가 어떻게 될지는 모르죠. 그래서 up in the air라는 표현은 '아직까지 결정되지 않은'이라는 의미가 되었어요.

Luke	Have you guys decided where you're going for your honeymoon yet?
Jen	We're going to Spain first, but the rest of the trip is still **up in the air**.
Luke	Do you have any other places in mind?
Jen	Either Portugal or France. Maybe even Italy, too!
Luke	Wow. That sounds exciting.

루크	너희들 신혼여행 어디로 갈지 결정했어?
젠	먼저 스페인에 갈 건데, 그 다음은 아직 결정 못 했어.
루크	생각하고 있는 곳들은 있어?
젠	포르투갈이나 프랑스를 생각 중이야. 아마 이탈리아도!
루크	와우. 정말 신나겠다.

뭔가가 결정이 안 되었을 때, 간단하게 '결정하다'라는 표현을 사용해서 "It hasn't been decided yet."이라고 할 수 있죠. 아니면 간단하게 "We're still thinking about it." 이라고 해도 좋겠죠. 원어민들이 많이 사용하는 이디엄들을 아는 것도 좋지만, 이미 알고 있는 쉬운 단어들을 사용해서 말을 하는 것도 중요하죠.

- on the fence라는 표현도 있습니다. 도둑이 빈집을 털까 말까 fence(담벼락) 위에 앉아서 고민 하는 것을 생각해보면 쉽게 이해할 수 있죠. I'm still on the fence about whether I should start a business or not.(사업을 시작할지 말지 여전히 고민 중이야.)

원어민의 코멘트   원어민은 이렇게 사용해요!

Kelly

이 표현은 아직 결정을 하지 않았을 때 사용할 수 있어요. 이것을 할지, 저것을 할 지 모르는 거죠. 뭔가가 up in the air 하다면, 결정을 아직 못했다고 하기보다, 뭔가 소식을 기다리고 있고, 그 소식이 오기 전까지는 up in the air 하다는 것 이죠. 예를 들면 정부에 지원금을 신청했는데 결과가 나오기 전까지는 누군가를 고용하기 힘들겠죠. 아직도 그것을 기다리는, 결정이 안 된 상황을 생각해보면 이해가 될 거 같네요.

- Everything is still up in the air. 결정된 것은 아무것도 없다.

- The decision is still up in the air. 그 결정은 아직 미정이다.

- His future is up in the air. 그의 미래는 아직 불투명하다.

단어 & 표현

honeymoon 신혼여행   have ~ in mind ~를 생각해두다   exciting 신나는

make ends meet 수입과 지출의 균형을 맞추다; 겨우 먹고 살 만큼 벌다

유사표현 manage, survive, get by

MP3 & 동영상 확인

He is trying to make ends meet.

그는 먹고살려고 노력 중이야.

살면서 지불해야 하는 많은 비용들이 있는데 그 비용들을 지불할 '돈을 벌다' 라는 말이에요. 돈을 충분히 벌지 못해서 빚을 지게 되면(go into debt) 결국 make ends meet(근근이 살다)하지 못하는 거죠. "I can't barely make ends meet."이라고 하면 정말 아주 간신히 먹고사는 정도를 강조하는 거죠. 정말 간신히 먹고 산다는 느낌이에요.

Luke	How is Sue doing?
Jen	She's not doing very well.
Luke	What happened?
Jen	Her husband was fired from his job.
Luke	Oh my god. Are you serious?
Jen	She had to get a second job just to **make ends meet**.

루크	수 잘 지내고 있어?
젠	좀 문제가 있는 거 같아.
루크	무슨 일인데?
젠	남편이 직장에서 잘렸대.
루크	오... 정말이야?
젠	먹고살기 위해서 부업을 해야 했대.

이 표현은 적당히 먹고 사는 데 필요한 정도만 버는 것을 말해요. 정말 돈을 많이 벌어서 이 것저것 쓰는데도 돈이 남는 경우에는 이 표현을 사용하지 않아요.

- 단순하게 '돈을 벌다'라고 할 때는 make money, earn money라고 해요.
- 정말 힘들게 먹고 사는, 손가락 빨고 있다는 느낌의 표현은 live (from) hand to mouth 또는 '허리띠 졸라매다'라는 표현인 tighten my belt라는 표현을 사용할 수 있어요. 아니면 가지고 있는, 한정된 돈을 최대한 이용한다는 표현으로 stretch my money (dollar)라는 표현도 종종 사용해요.

 원어민의 코멘트　　　　　원어민은 이렇게 사용해요!

make ends meet한다면 돈은 있지만, 그 비용을 지불하고 나면 남는 게 거의 없을 때 사용해요. 보통 부정으로 사용이 되어서 "I can't make ends meet."
Kelly 이라고 하면 정말 먹고살기 힘들다는 느낌이 있죠. 보통 live hand to mouth 라는 표현이 바로 이런 상황을 말하는 표현이에요. 월세, 음식, 기본적인 생필품 살 돈도 충분히 없는 상황인 거죠.

- It's hard to make ends meet.　먹고살기가 어려워.
- They are barely making ends meet.　그들은 간신히 먹고살고 있어.
- I want to help them make ends meet.　난 그들이 먹고사는 것을 도와주길 원해.

단어 & 표현

What happened? 어떻게 된 거야?　second job 부업

in the long run (앞으로 길게 보았을 때) 결국에는
유사표현 eventually, in the end, ultimately

MP3 & 동영상 확인

It will be worth it in the long run.

장기적으로 보면 가치가 있을 거야.

이 표현은 지금 순간은 힘들고, 안 좋을 수 있지만 큰 그림을 보고 멀리 보면 가치가 있고, 결국 좋은 결과였다라는 것을 말할 때 자주 사용하는 표현이에요. in the long run에서 long이라는 것을 보시면 결국 멀리 보는 느낌이 들죠. '장기적으로', '결국은'이라고 해석하시면 됩니다.

Erin   I heard you're buying a new car soon.

Luke   Yes, I think it's finally time to make a change.

Erin   You should look at those new electric cars.

Luke   I think they're too expensive.

Erin   Actually, I think it will be cheaper **in the long run** because you can save a lot of money on gas.

Luke   That's a good point.

에린   너 곧 새 차 산다면서?
루크   응, 이제 좀 변화를 줄 시간인 거 같아.
에린   새로운 전기차를 한번 보는 게 좋을 거 같은데.
루크   너무 비싼 거 같은데.
에린   사실, 장기적으로 보면 더 싼 거야. 왜냐면 기름값을 많이 절약할 수 있어.
루크   맞는 말이네.

룩룩 쌤의 코멘트 · 이것도 꼭 알아두세요!

in the long run이 '결국 ~할 것이다'라는 것을 나타내므로 eventually, in the end라는 표현으로 대체할 수 있어요. 이 표현들 모두 오랫동안의 시간과 노력 후에 나온 결과라는 의미가 있어요.

· in the short run 또는 in the short term은 어떤 의미일까요? 이 표현은 '단기적으로'라는 표현이에요. If you gamble, you may be able to make money in the short run but you will lose it all in the long run.(도박을 하면 단기간에 돈을 벌 수 있지만, 장기적으로 다 잃게 될 거야.)

원어민의 코멘트 · 원어민은 이렇게 사용해요!

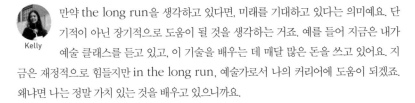

Kelly

만약 the long run을 생각하고 있다면, 미래를 기대하고 있다는 의미예요. 단기적이 아닌 장기적으로 도움이 될 것을 생각하는 거죠. 예를 들어 지금은 내가 예술 클래스를 듣고 있고, 이 기술을 배우는 데 매달 많은 돈을 쓰고 있어요. 지금은 재정적으로 힘들지만 in the long run, 예술가로서 나의 커리어에 도움이 되겠죠. 왜냐면 나는 정말 가치 있는 것을 배우고 있으니까요.

· It will work out in the long run. 장기적으로 보면 잘 될 거야.

· In the long run, this is the best decision. 장기적으로 보면, 이게 최고의 결정이야.

· She chose what would be best in the long run.
그녀는 장기적으로 최고일 것을 선택했어.

단어 & 표현

make a change 변화를 주다   save 절약하다

1 대화를 통해 배우는 핵심 표현

Chapter 19 에서 학습한 표현을 복습하며 응용해 보세요.

get cold feet **make sense** **up in the air**	**make ends meet** **in the long run**

Carrie   I can't believe you are getting married next week!

Ethan   I know, time flies so fast.

Carrie   You're not **getting cold feet**, are you?

Ethan   Of course not. Marrying Samantha **makes** more **sense** than anything I've ever done.

Carrie   I'm so happy for you.

Ethan   Now that the food truck is doing well enough to **make ends meet**, I feel like our future is secure.

Carrie   I'm so jealous of you. Everything in my life is so **up in the air** compared to yours.

Ethan   Don't worry. Everything will work out **in the long run** if you keep working hard.

캐리	네가 다음 주에 결혼한다니 믿기지 않네!

캐리 네가 다음 주에 결혼한다니 믿기지 않네!

에단 나도 알아. 시간 정말 빨라.

캐리 긴장되지는 않아?

에단 전혀 아니지. 사만다하고 결혼하는 것은 그 어떤 것보다 제대로 된 결정이야.

캐리 내가 다 기쁘다.

에단 이제 푸드트럭이 먹고 살 수 있는 정도로는 되니까, 우리 미래가 안정적인 느낌이 들어.

캐리 부럽다. 내 인생의 모든 것은 너에 비하면 정말 제대로 결정된 게 아무것도 없어.

에단 걱정 마. 계속 진행하면 결국 다 잘 될 거야.

Time flies. 시간이 빨리 가다. Of course not. 물론 아니지.(아니라는 것을 강조)
I'm (so) happy for you. 내가 다 기쁘네.(축하하는 표현) Now that ~ 이제 ~하니까
secure 안전한 I'm (so) jealous of you. 네가 (정말) 부러워, 질투나
compared to ~ ~에 비해 work out 잘 되다 keep -ing 계속 ~하다

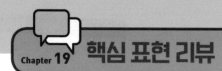

추가 설명 보기

Chapter 19 핵심 표현 리뷰

2 서포터즈들의 Q&A

Q1 Unit 091 If you tell Marcus you are a beginner, he will help you out.

'걔가 널 도와줄 거야.'라는 것을 왜 help you out이라고 했죠? help you라고 하면 안 되나요?

help out을 먼저 설명해보죠. help out은 누군가가 도와줄 때 사용할 수 있어요. 예를 들면 "Can you help me out with this problem?"이라고 하면 '이 문제 좀 도와줄 수 있어요?'라는 표현이죠. 여기서 기억해야 할 것은 형태가 help … out with 식으로 전개된다는 거죠. 그리고 도와주는 대상은 사람만이 가능하다는 것이죠. 그럼 help를 볼게요. help는 도와주는 대상이 사람뿐만 아니라 사물도 가능해요. 예를 들면 "This book really helps me with my English."라고 하면 '이 책은 정말 내 영어에 도움이 돼.'라는 말이죠. 다시 앞으로 가서 help out을 사용한 문장을 보죠. "Can you help me out with this problem?" 이 문장에서 out을 빼고 그냥 "Can you help me with this problem?"이라고 할 수 있습니다. help는 사람, 사물이 도와주는 대상이 될 수 있으니까요.

Q2 Unit 092 She's finally finished.

"She's finally finished."라는 표현을 "She's finally done."이라고 할 수 있나요? "I'm done."과 "I'm finished."는 들어봤는데 어떤 차이가 있는지 궁금해요.

차이는 없어요. "I'm done."이라는 표현이 좀 더 캐주얼하게 들리긴 하지만 둘 다 많이 사용하죠. 이 질문이 나왔으니 다른 의미를 알아볼게요. 예를 들어 직장에서 계속 몇 달 치나 월급이 밀리면 그때 "I'm done!(더 이상 못 참아!)" 이렇게 말할 수 있죠.

Q3 Unit 092 What is she planning on doing next?

plan 뒤에 전치사 on을 사용했는데, 'I'm planning to + 동사' 식으로 패턴을 암기했었거든요. What is she planning to do next?라고 하면 안 되나요?

〈plan to V〉와 〈plan on -ing〉의 의미는 같습니다. "I'm planning"과 "I'm going to"도 헷갈리시지 않나요? 그 부분에 대한 자세한 설명은 블로그 글로 설명을 대신할게요.

286

20
Settling down
정착

settle down (조용히 한 곳에 자리 잡고) 정착하다

유사표현 live permanently, calm down

MP3 & 동영상 확인

He finally decided to settle down.

그는 결국 정착하기로 했다.

이 표현은 크게 3가지의 의미로 많이 사용이 돼요. 첫 번째는 나이가 들어 '짝을 만나서 가정을 이루고 살다'라는 말이에요. 둘째는, 선생님이 막 떠들고 난리 법석인 아이들에게 settle down하면서 '진정해!' 하는 calm down(진정하다)의 의미, 세 번째는 새로운 곳, 직장에 가서 맨 처음에는 힘들지만 적응해서 결국 '자리 잡다'라는 의미예요.

Jen	Congratulations on buying your new house!
Erin	Thank you. With a baby on the way, I think it is finally time to **settle down**.
Jen	I'm happy for you, but I don't think I would be ready to do that yet.
Erin	What are you going to do?
Jen	I want to travel the world more before I **settle down**.

젠	새집 산 거 축하해!
에린	고마워. 아기가 곧 태어나니까, 이제 자리 잡고 정착해야 할 거 같아.
젠	잘 됐어, 근데 난 그렇게 할 준비가 안 된 거 같아.
에린	뭐 할 건데?
젠	자리 잡기 전에 먼저 세계를 여행하고 싶어.

settle은 불안정하고 움직이던 것이 안정화된다는 표현이에요. 그래서 이 표현을 생각하면 이런 일, 저런 일을 하다가 결혼해 가정을 이루는 모습, 그리고 막 교실에서 움직이다가 조용히 자리에 앉아서 공부하는 학생들, 그리고 새로운 곳에 가서 불안했지만 시간이 지나면서 정착하는 모든 것들이 이해가 되실 거예요.

원어민의 코멘트   원어민은 이렇게 사용해요!

Kevin

settle down을 들었을 때 가장 먼저 생각나는 것은 결혼하는 것이에요. 꼭 결혼을 안 해도, 오랫동안 함께 진지하게 같이 산다는 의미에서 settle down을 사용하죠. 이모가 엄마한테 '언제 언니 아들 자리 잡을 거야(settle down)?', '언제 좋은 애 만나서 결혼할 거야?(settle down)'라고 물어볼 수 있겠죠.

- She settled down in her hometown. 그녀는 그녀의 고향에 정착했다.

- I don't plan on settling down for a while. 난 한동안은 한곳에 정착할 계획이 없어.

- They settled down in their 30s. 그들은 30대에 정착해서 가정을 꾸렸다.

단어 & 표현

congratulations on ~ ~을 축하하다(= congrats on ~)
with a baby on the way 아이가 곧 태어나다

for good 영원히

유사표현 forever, permanently, always

MP3 & 동영상 확인

He decided to live there for good.

걔 평생 거기에서 살기로 했어.

이 표현은 뭔가를 평생 한다거나 또는 절대 하지 않는다고 할 때 사용하는데요. 예를 들어서 "I'm moving to Seoul for good.(난 서울로 아예 이사 가.)"이라고 하면 다시 돌아오지 않을 거라는 것이 함축되어 있죠. "I'm giving up meat for good.(나 이번부터 절대로 고기 평생 안 먹는다.)"은 앞으로 고기를 먹지 않는다는 의미겠죠?

Luke   Did you watch that new documentary about the meat industry?

Jen   You're talking about the one that shows how meat is made, right?

Luke   Yeah, it's really horrible. I think I might give up meat **for good** after watching it.

Jen   I'm not going to watch it. I love eating meat too much.

루크   육류산업에 대한 새 다큐멘터리 봤어?
젠   어떻게 고기가 만들어지는지 보여주는 거 말하는 거지, 그렇지?
루크   응. 정말 끔찍하더라. 그거 보고 나서는 평생 고기 먹는 거 포기하는 것도 생각하고 있어.
젠   안 봐야지. 나 고기 너무 좋아하거든.

룩룩 쌤의 코멘트

이 표현은 정말 평생(forever) 하고 안 한다는 의미라기보다는 그 순간에 극적으로 말을 할 때도 종종 사용해요. 예를 들어, 하루는 골프를 치는데 너무 안 돼서 짜증이 나서 "I'm giving up golf for good!"이라고 했어요. 순간적으로 화가 나니 이렇게 말한 거죠. 근데 진정하고 골프를 다시 치러가겠죠. 물론 실제로 forever의 의미로도 많이 사용되죠. 그리고 forever보다는 조금 casual하게 들려요.

원어민의 코멘트

Kevin

뭔가를 for good 한다는 것은 그것을 평생 한다는 거죠. 오랫동안 한다는 거예요. 만약 문신이나 피어싱을 한다면, 그곳에 for good 있게 되겠죠. 그냥 잠깐 있다가 없어지는 것이 아니죠. 만약 어디로 이사가 거기에 평생 살 계획이라면, 결국 거기에 for good 하게 있는 거죠. 결혼을 한다면 같이 for good 할 거라고 희망하겠죠.

- I'm quitting smoking for good this time. 이번에 나 담배 평생 끊는다.

- I deleted my profile on Facebook for good.
  난 페이스북에 내 프로필을 영원히 없애 버렸다.

- They left for good. 그들은 영원히 떠나 버렸다.

horrible 끔찍한 give up 포기하다

look back on ~을 뒤돌아보다
유사표현 be nostalgic, reminiscent

MP3 & 동영상 확인

I look back on the past with satisfaction.

난 만족스럽게 과거를 회상해요.

과거의 기억을 회상할 때 look back on이라는 표현을 사용해요. 종종, 우리가 감성적이고 추억에 잠길 때 사용하죠. 예를 들면, 옛날 사진을 보고 어린 시절의 기억들을 떠올릴 때 사용할 수 있죠.

Luke   Look at these old photo albums that I found at mom's house.

Erin   Oh my gosh. Look how young we look! We were just babies.

Luke   Time goes by so quickly.

Erin   I always get so emotional when I **look back on** my childhood.

루크   엄마 집에서 발견한 옛날 앨범들 좀 봐봐.
에린   이런. 우리 정말 어린 거 봐! 애기들이네.
루크   정말 시간 빨리 간다.
에린   어린 시절을 회상할 땐 항상 감정적이게 돼.

remember, recall하고 헷갈릴 수 있는데 이 표현들은 '뭔가를 기억하다'라는 의미예요. 회상과 추억에 잠겨있다는 느낌은 배제되어 있고 단순히 어떤 사실이나, 누군가를 기억할 때 사용하죠.

· in retrospect는 '회상해보면', '돌이켜서 생각해보면' 정도의 의미로, 보통은 예전에 왜 그랬을까 후회하거나, '아, 그땐 몰랐었는데 돌아보니까 그랬구나' 정도의 느낌으로 사용이 되죠. in hindsight라는 표현도 비슷한, '(예전에는 몰랐지만) 돌이켜 생각해보니'라는 표현으로 종종 과거에 대한 후회를 할 때 사용하죠. In retrospect(= In hindsight), I should've asked her out.(돌이켜보니, 그녀에게 데이트 신청을 했어야 했는데.)

Kevin

이것은 뭔가 한일에 대해서 추억에 잠길 때 사용해요. 인생에서 여러분이 경험했던 좋은 것들 안 좋은 것들을 look back on 하거나, 친구들과 가족들과의 행복했던 시간을 look back on 하죠. 이때 우리는 향수(nostalgia)에 젖곤하죠.

· I like to look back on my times in college. 나는 대학시절을 회상하는 것을 좋아해.

· When I look back on my childhood, I realize I made a lot of mistakes.
어린 시절을 회상해보니, 참 내가 많은 실수를 했다는 생각이 들어.

· He looks back on his life with a lot of regret.
그는 많은 후회를 하며 그의 인생을 회상했다.

단어 & 표현

time goes by 시간이 흐르다   childhood 어린 시절

pay off 성공하다, 성과를 올리다
유사표현 accomplish, achieve, work hard for

MP3 & 동영상 확인

All of her hard work
finally paid off.

그녀의 모든 노력이 결국 효과를 보았다.

paid off는 뭔가를 열심히 하고 나서 그것이 결국 나중에 성공적으로 돌아올 때 사용을 합니다. 인생은 참 신기해서 당시에는 정말 힘들고 고통스러울지라도 나중에 그 힘든 시간이 매우 큰 보상으로 돌아올 수 있죠. 여러분들이 이 책을 보는데 쏟은 시간과 노력도 결국 pay off 하기를 희망합니다.

Luke   I heard you got the job!

Erin   Yes! I start next week.

Luke   Congratulations. It looks like all that hard work **paid off**.

Erin   Thanks!

루크   너 직장 잡았다면서!
에린   응! 다음 주에 시작해.
루크   축하해. 모든 너의 노력이 결국 효과가 있었던 거 같네.
에린   고맙다!

룩룩 쌤의 코멘트

이 표현은 실제로 pay(지불하다)라는 것을 off한, 쉽게 말하면 '빚진 돈을 다 갚아 버리다'라는 의미로도 사용해요. "I finally paid off my credit card bill."처럼요. pay back이라는 표현도 '돈을 갚다'라는 표현으로 사용하죠. 단, pay back은 돈을 다 갚아 버린다는 의미를 전달하진 않아요.

> • 부정적인 의미로의 **pay off**는 누구를 돈으로 매수할 때도 사용해요. He paid me off to be quiet about the scandal.(그 스캔들에 관해서 조용히 하라고 나한테 돈을 주었다.)

원어민의 코멘트

Kevin

뭔가 paid off 하면, '일했던 뭔가가 결국 원했던 결과로 오다'라는 말이에요. 아마도 원했던 결과보다 나을 수도 있겠죠. 이 표현은 투자에서 온 표현이에요. investment(투자)가 pays off했다는 것은, 결국 많은 돈을 벌었단 거죠. 근데 꼭 돈이 될 필요는 없어요. 노력, 시간에 대해서도 paid off 될 수 있어요.

• **It paid off.** 그것은 성과를 거두었다.

• **Her persistence paid off.** 그녀의 끈기가 빛을 발했다.

• **They worked hard and it paid off.** 그들은 열심히 일을 했고, 큰 성과가 있었다.

단어 & 표현

get the job 취직하다

blessing in disguise (문제인 줄 알았던 일이 가져온) 뜻밖의 좋은 결과
유사표현 silver lining, unfortunate event with positive outcome

MP3 & 동영상 확인

Losing his job was a blessing in disguise.

그가 직장에서 잘린 건 오히려 잘된 일이었어.

blessing(축복), in disguise(변장)은 '변장된 축복'이라는 뜻이죠. 이 표현은 맨 처음에는 매우 안 좋은 것으로 변장하고 있었지만(in disguise) 결국 나중에 보니 축복(blessing)이었다는 뜻의 표현이에요. 직장을 잘려서 사업을 했는데 정말 대박이 났어요. 직장 잘린 것은 나중에 보니 blessing in disguise였던 거죠.

Luke	I heard you broke your leg. Are you okay?
Jen	It hurts a little, but actually, it was kind of a **blessing in disguise**.
Luke	Why?
Jen	It made me take some time off work and stay home for a while. I don't think I could rest otherwise.
Luke	I see. Without the injury, you probably would have overworked yourself until you got sick.

루크	너 다리 부러졌다면서. 괜찮아?
젠	약간 다쳤어. 근데 이게 전화위복이 되었어.
루크	왜?
젠	이거 때문에 좀 직장에서 쉬고 집에 한동안 있어야 했거든. 그렇지 않았으면 쉬지 못했을 거야.
루크	그렇구나. 부상이 없었으면 아마도 너 아플 때까지 더 초과 근무했을 거야.

비슷한 표현으로 see the light at the end of the tunnel이 있습니다. 정말 어두운 터널(tunnel)에 아무런 희망이 없는데, 빛줄기가 보이니(see the light) 희망의 빛이 보이는 거죠. 사업이 너무 힘들다가 조금 좋아지는 느낌이 들기 시작할 때 사용할 수 있겠죠.

· 또 다른 비슷한 표현은 every cloud has a silver lining이란 표현인데 구름(cloud)은 힘든 시기를 의미하는 것이고 그 뒤에 숨겨진 태양이 만들어낸 silver lining(구름 가장자리가 뒤의 빛 때문에 은빛으로 빛나는 모양)은 결국 구름이 걷히면 행복한 시간이 온다는 말이죠. 아무리 나쁜 상황이라도 좋은 것이 있다는 표현이에요.

Kevin

blessing in disguise는 무언가가 부정적으로 보이지만, 나중에 보니 그것이 긍정적인 것이었을 때 사용할 수 있어요. 전 계획하지 않았던 임신을 생각하게 되는데요. 우리가 예상하지 않았다면 정말 스트레스가 되죠. 하지만 아이를 가지는 것은 우리 인생에서 가장 최고의 일인 경우가 많잖아요. 다른 경우는, 연인과 헤어지거나, 직장에서 해고되거나 안 좋은 일이 일어났지만 그런 일이 발생했기에 나중에 정말 좋은 결과가 일어났다면 blessing in disguise 한 거죠.

· It was a blessing in disguise. 그것은 나중에 보니 전화위복이 되었다.

· The injury was a blessing in disguise. 그 부상은 나중에 보니 오히려 좋은 일이었다.

· The bad weather was a blessing in disguise.
안 좋은 날씨는 오히려 좋은 일이었다.

단어 & 표현

take sometime off work 직장에 휴가를 내다, 직장을 쉬다　for a while 한동안
otherwise 그렇지 않으면　would have p.p. ~ ~했을 텐데
overwork oneself 일을 지나치게 많이 하다

1 대화를 통해 배우는 핵심 표현

Chapter 20 에서 학습한 표현을 복습하며 응용해 보세요.

settle down **for good** **look back on**	**pay off** **blessing in disguise**

Samantha Ethan, I wanted to talk to you about something.

Ethan Yeah. what is it?

Samantha What would you think if we moved back to California **for good**?

Ethan What made you think about that?

Samantha I want to move closer to where my parents live since they are getting older now.

Ethan That would be a huge change, but I think that might be nice. I'm starting to get a bit tired of living in the city.

Samantha Maybe we could **settle down** near the beach! You could bring the food truck to California, too.

Ethan Great idea. We went through a lot in this city, but **looking back**, I think everything really **paid off**.

Samantha I agree. Even all of the bad things that happened along the way really were **blessings in disguise**, because it led us to where we are now.

Ethan Let's do it then. Let's move to California.

사만다	에단, 좀 하고 싶은 이야기가 있어.
에단	어, 뭔데?
사만다	아예 캘리포니아로 이사를 가는 것에 대해서 어떻게 생각해?
에단	왜 그렇게 생각했는데?
사만다	점점 부모님들이 나이가 들어가시니, 부모님이 사시는 곳으로 좀 더 가까이 이사하면 해서.
에단	정말 큰 변화일 텐데, 근데 아마도 좋을 수 있어. 나 도시에 사는 것에 좀 지겨움을 느끼기 시작했거든.
사만다	해변 근처에 사는 것도 생각해볼 수 있고! 너도 푸드트럭을 캘리포니아로 가지고 올 수도 있잖아.
에단	좋은 생각이야. 이 도시에서 많은 고생을 했지만, 돌아보니 모든 것이 가치가 있었던 거였어.
사만다	나도 동의해. 심지어는 생활하면서 안 좋았던 일들도 생각해보면 좋은 일이었어, 왜냐면 그것들이 현재 우리가 이 위치에 있게 해 준 것들이니까.
에단	그럼 그렇게 하자. 캘리포니아로 이사 가자.

What would you think if ~? ~하는 것에 대해 어떻게 생각해?
that would be ~ ~일 텐데   went through a lot 많은 고생을 했다
along the way 도중에, 과정에서   led us to ~ ~로 이끌었다

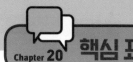
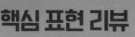

Chapter 20 핵심 표현 리뷰

추가 설명 보기

2 서포터즈들의 Q&A

Q1 Unit 098 Oh my gosh.

"Oh my gosh."라는 표현은 영한사전을 보면 '세상에!', '이럴 수가!'라고 나와 있어요. "Oh my god!"이라는 표현도 있고, 이외 여러 감탄문이 있는데 이런 것들을 어떻게 공부해야 하나요?

영어를 한국어로 해석하려고 하면 어색한 것들이 정말 많습니다. 그리고 오히려 그렇게 공부하면 나중에 말을 할 때 더욱 힘들어집니다. 그 상황을 상상하고 영어를 영어로 받아들이려는 연습을 하셔야 해요. 그래서 영영사전을 추천합니다. 처음 공부할 때는 답답할 때가 많을 거고 시간이 오래 걸리는 느낌을 받을 수 있어요. 하지만 장기적으로는 훨씬 더 큰 도움이 되고 결국 원어민의 뇌를 조금씩 닮아가고 영어를 영어로 생각할 수 있는 장점이 있죠. 감탄문은 실제 어떤 상황에서 원어민들이 사용하는지 영상을 보는 게 제일 가슴에 다가옵니다. 감탄문 1탄, 2탄 두 개의 영상을 만들어 보았습니다.

Q2 Unit 100 It hurts a little, but actually, it was kind of a blessing in disguise.

책을 쭉 살펴보다 보니까 actually라는 표현이 많이 등장하는데, 습관적으로 한국 사람들은 이를 밥 먹듯이 사용하는데 원어민들은 어떤가요? 주로 어떨 때 사용하는지 궁금합니다.

actually를 너무 많이 사용하면 듣는 사람이 짜증 날 수 있습니다. actually는 2가지 경우에 사용한다고 생각하시면 됩니다. 첫 번째는 난 이렇게 예상했는데 전혀 다른 결과가 나왔을 때죠. 날씨가 화창하다고 일기예보에서 말을 해서 우산 안 가지고 나갔는데, 비가 오는 거예요.(Weather forecast said it would be sunny. But actually, it's raining.) 이런 경우에 사용이 가능하겠죠. 두 번째는 정보를 추가하거나 잘못된 정보를 고쳐줄 때 사용해요. "My grandfather is pretty old. Actually he's 95." 앞에 **pretty old**라는 것은 좀 더 구체적으로 95세라고 하면서 추가 정보를 제공하고 있죠. 제 주변에 Andy라는 친구가 있는데 교포라는 소리를 많이 들어요. 그 친구에게 "You were born and raised up in the States?(너 미국에서 태어나고 자랐지?)" 하니까 Andy가 말하죠. "Actually, I'm Korean Korean." 사실 나 정말 완전 한국 사람이야.(Korean Korean은 토종 한국 사람이라는 것을 강조하는 표현)